JN098502

「法のカタチ」から考える

# 法学の基礎

NISHIDA Masayuki
## 西田真之
［著］

ミネルヴァ書房

# は　し　が　き

　本書は，初めて法学を学ぶ方々を対象に，「カタチ」という事象を通じて，多面的な法の世界観について考察することを目的に著した法学の概説書であり，大学の法学部のみならず，他学部向けでも開講されている，「法学一般」や「法学概論」に類する講義用のテキストとして想定しているものである。

　とかく法学概論についての講義を行う上で難しさを痛感するのが，受講者には法学の学問領域に足を踏み込む前から，既に何かしらの「法」に対する先入観や固定観念があるということである。ふと身の回りの生活を考えてみると，実は我々が日常生活を送る中でも法とかかわる場面が多いことに気付かされる。コンビニで買い物をする行為は民法上の売買契約になるし，さらに凶悪な事件が発生し報道されると刑法で罰則の厳罰化を求める声が高まることもよく見られる現象である。5月3日は現行憲法の施行を記念した憲法記念日ということで祝日になっているし，そもそもゴールデンウィークのような大型連休が存在するのも法律に基づいている。にも拘わらず，最初の授業で学部生に「法」のイメージを聞くと，普段の生活で法との関わりあいはほぼ無いと思っている人が圧倒的に多数に及んでいる。

　その理由を考えてみるのに，やはり法学の理論には抽象的な概念が含まれているということもあり，「法学は難しい」「堅苦しい印象がある」という観念に縛られてしまうのだろう。かくいう私も，初めて法学概論の授業を受講した際には，法に携わる裁判官・検察官・弁護士という職業は，非常にお堅い職種なのだろう，という漠然としたイメージを持っていたことが思い出される。実際のところは，法学部を卒業したからといって，全ての人が法曹になる訳ではなく，むしろ法学を学びながら論理的思考を身につけ，社会に出た時にそうしたスキルを活用してゆくようになることが求められているのではないだろうか。

堅苦しい法のイメージを打破すべく様々な良書が公刊されている。先人の先生方の教科書・概説書も工夫がなされ，初学者を対象とした優れた本が多い中で，本書の特徴としては言わば目に見える「カタチ」としての側面から法学を捉えてみる，という試みを行っている。法学を学ぶ上で必ず学習する条文や判例を中心に取り上げているが，読者にとって現時点ではどこか遠い存在に感じられるかもしれない法や法を取り巻く環境をより身近に感じて頂くために，本書では裁判所や判例を紹介する際に，実際に現地を訪問し撮影した写真なども盛り込んだ。また，筆者が所蔵している貴重書や資料なども活用するよう努めた。これは，実際に史跡を訪れたことや資料を広げることで感じられる「法」の空間や佇まいを体感することこそが，法学と向き合う醍醐味なのだと考えているからなのだが，こうした著者なりの工夫を感じ取って頂ければ，幸いに思う。

　本書では，本文以外に「コラム」「一歩先」「豆知識」「Case Study」のセクションがあるが，それぞれ次のような目的で設けた。

　「コラム」は，関連する事項の中で，読者が法学に対する興味を持ちながら接することが出来るように，面白エピソードを紹介している。

　「一歩先」は，若干難易度は高いものの，法学の勉強をさらに進め，理解を深めるために重要な点を説明している。

　「豆知識」は，多面的な法の世界観を知るための面白そうなトリヴィアをいくつか取り上げた。法の奥深さや背景を知る部分として，目を通して頂きたい。

　「Case Study」は，重要度や注目度の高い判例を中心にピックアップした。具体的な事象に対し法律をどのように適用したのか，という裁判所の判断につき，説明を加えている。

　尚，本書で登場する難解な法律用語や定義について，特に重要なものは太字にして示したが，こうした箇所をたとえ一度読んで理解できなかったとしても，慌てる必要はない。法律用語やキーワード，そしてその定義や意味などは次第に学んでゆくと，自然と概念として身についてゆくものであるので，安心しながら読み進めて頂ければ，と思う。

　隣接する学問領域から「法」を捉えなおすと，実は奥深い世界観が広がっている。本書では，哲学・社会学・歴史学・文学といった幅広い分野から法学を見つめてみる，との見地から，色々な事象を扱いつつ，法学を学ぶ上で欠かせない基本的概念について説明している。本書を手に取って下さった方々に，法学の多面的な世界の魅力が少しでも伝わることを切に願っている。気軽にそして楽しみながら，法学の世界に足を踏み込んでみよう！

# 「法のカタチ」から考える　法学の基礎

## 目　次

はしがき

　　• コラム •

　①天に判断を仰ぐ紛争解決のカタチ　3

　②エジプトにおける「法」のカタチ　14

　③裁判所の制服——「法服」のデザイン　29

　④法学部生の日常会話？　31

　⑤映像の世界からみる法　45

　⑥続・法学部生の日常会話？　47

　⑦「悪法も法」なのか？——抵抗権をめぐる規定　58

　⑧おとぎ話と慣習法　88

　⑨外国法へのアプローチ　112

　⑩「誤訳も亦妨げず，唯速訳せよ」　119

　⑪現代の法整備支援　120

　⑫小噺・語り継がれる江戸の裁き　169

　⑬日本人と「法」との出逢い　202

# 凡　例

*本書では，条文や判例を引用する際に，原則としてそのままの表記を用いている。但し，初学者への考慮として，以下の点で変更を加えた個所もある。
- 条名などの「第」は省略して表記している。
- 難解な旧字体を新字体に改め，必要に応じてルビを振ったり，場合によっては句読点を施した。
- 条文を列挙した箇所や固有名詞などを除き，漢数字は算用数字に改めた。

*年号の表記については，原則として西洋暦のみを記載することとしたが，日本の事象についてのみを解説する際には，近代期（概ね1868年（明治元年）を基準とする）以降から戦前までについては，西洋暦（和暦）の形式で併記した。また必要と思われる部分も，西洋暦と和暦を併記している。

*概説書という体裁上，煩雑になるのを避けるために註釈は付けず，本文で平易に基本的な解説をすることを心掛けた。より詳細について知りたい，という読者は，巻末に列挙しているブックガイド及び主要参考文献を参照して頂きたい。

*図表で特に断りがないものは，筆者が作成したものである。

*デジタル情報は2020年2月の情報に基づいている。

*本書において引用する裁判所名，判例集及び雑誌の略語は次の通りである。

| 裁判所名 | | 判例集名 | |
|---|---|---|---|
| 最大判 | 最高裁判所大法廷判決 | 民　録 | 大審院民事判決録 |
| 最大決 | 最高裁判所大法廷決定 | 刑　録 | 大審院刑事判決録 |
| 最　判 | 最高裁判所判決 | 民　集 | 大審院民事判例集，最高裁判所民事判例集 |
| 最　決 | 最高裁判所決定 | | |
| 大　判 | 大審院判決 | 刑　集 | 大審院刑事判例集，最高裁判所刑事判例集 |
| 大連判 | 大審院連合部判決 | | |

大　決　大審院決定
東京高判　東京高等裁判所判決
大阪高判　大阪高等裁判所判決
東京地判　東京地方裁判所判決
津地判　津地方裁判所判決
鹿児島地判　鹿児島地方裁判所判決
大阪地判　大阪地方裁判所判決

下　民　下級裁判所民事裁判例集
行　集　行政事件裁判例集
判　時　判例時報
判　タ　判例タイムズ

| 第1章 | 社会科学としての法学 |
|---|---|

　法学を学んでゆくにあたり，「法」をどのように捉え，向き合うべきなのだろうか。法や裁判をめぐる動向は，一見すると複雑で難解な印象を受けるかもしれないが，意外なほど我々の日常生活にまつわる事象と関連している。

　まずは六法を活用しつつ，日常生活の営みという観点から，「法」の全体像と役割について理解を深めよう。

## 1　法律の条文と紛争解決の方法

　手元の六法を開いて法律の条文を目で追ってみると，現代日本語で記述されているのにも拘わらず，若干取っ付きにくい印象があるかも知れない。この理由は法律の条文が，抽象的な事象を法律用語の独特な表現で文字化していることに起因するものと思われる。実際のところは，法律の条文で書き起こされている内容は，我々の日常生活でこれまで経験してきたトラブルの解決方法を規定しているものも含まれている。いくつかの条文を見てみよう。

　もめ事を解決するために活用してきた身近な方法として，真っ先に思いつくものに，じゃんけんやくじを挙げることが出来るだろう。幼稚園や小学校の低学年から，じゃんけんやくじを活用してきた経験を持つ者も多いのではないだろうか。確かに原始的に思えるかもしれないが，フェアな解決方法として幅広い世代で使われてきている手段ともいえよう。こうした運を天に任す規定が，法律の条文の中にも用意されている。

公職選挙法95条2項
　当選人を定めるに当り得票数が同じであるときは，選挙会において，選挙

　　長がくじで定める。

　この規定では，仮に選挙で全くの同数票を獲得した場合，最終的にはくじで選挙の当選者を決定することを定めているが，まさに運を天に任し，その判断を尊重しているものと見ることが出来る。

　他の紛争解決の活用術に目を向けると，例えば民法239条1項では次のように規定されている。

民法239条1項
所有者のない動産は，所有の意思をもって占有することによって，その所有権を取得する。

　この規定は，誰の物にも属していない物は，これを一早く見つけた者が所有する意思をもって占有することで取得できる，ということを意味しており，簡単に言えば早い者勝ちルールということになる。

　また，主張が互いに相対立する両当事者間でのみトラブルを解決する見込みが難しい場合に，最近は第三者委員会が立ち上げられるケースが多く見受けられるが，こうした第三者が介入する手段についても，法律上規定されている。

仲裁法13条1項
仲裁合意は，法令に別段の定めがある場合を除き，当事者が和解をすることができる民事上の紛争（離婚又は離縁の紛争を除く。）を対象とする場合に限り，その効力を有する。

　このように第三者の判断により双方の妥協点を見出し和解することは，紛争解決の手段として有効な局面もあるといえよう。

　しかし，なぜこのように色々な紛争解決方法が法律で規定されているのだろうか。これには，社会生活を営む上では様々なトラブルがあること，またその解決方法も一様ではないことと関係する。

　先に挙げた，じゃんけんやあみだくじによる運を天に任す解決方法，早い者

勝ちルール，第三者による仲裁，何れの方法も全てのもめ事を解決するための万能の処方箋とはならない。じゃんけんをして勝者となっても，敗者から「後出しじゃんけんではないか」とのクレームを付けられたり，くじでも不正を疑われたケースの経験をもっている人も多いのではないだろうか。天や運に任せたものと分かっていても，その結果を100％受け入れられるかどうか，というのは，争っているもめ事の案件によるところがあるだろう。

　早い者勝ちルールも同様である。何でもかんでも早い者が勝者となると，敗者からは不満が噴出するだろうし，常に他者より早く行動しなければならないという緊張の糸が張り詰めた状態は，生きづらい社会になると思われる。

　第三者による解決方法は，確かに公平で客観的な視点に基づく判断が行われるだろうが，公平で客観的な視点を有する第三者を選出するための手続きをしっかりと確立する必要がある。そうでなければ，争っている者の内のどちらかに有利な判断が働いたのではないか，という疑念が生じた段階で，こうした仲裁に基づいた判断の根本が崩れてしまうためである。

　このように，人々は社会にある様々なもめ事の解決手段やそうしたトラブルを防止するための方法を模索し，そうした言わば人類の知恵のカタチが法文に落とし込まれていると見ることが出来よう。そこには，万国共通のものもあれば，ある特定の国や地域の文化に内在しているものもある。こうしたことを念頭に，視野を広げて法律の条文を見てゆくと理解しやすいだろう。

・コラム①・　　　　　　　　天に判断を仰ぐ紛争解決のカタチ

　子どもの数え歌で「どちらにしようかな，天の神様の言う通り」というフレーズには聞き覚えがあるのではないだろうか。年齢を重ねてからは，たとえ数え歌を口ずさむことはなくとも，勝負事や大事な決断をする際には，神社に参拝することもあるだろう。老若男女を問わず，何かの判断に迷ういざという時には，天に仰ぐというのは古今東西で見られる現象である。こうした天や神に判断を仰ぐカタチは，かつて裁判の場でも存在した。

　神の裁定により真偽や正邪を判断する裁判のことを，**神判**という。ヨー

図1.1　熱鉄神判　　　　　　　　　　　図1.2　冷水神判

ロッパでは，①熱湯の中に手を入れ，火傷の程度により裁定する熱湯神判，②熱した鉄を持ったり，熱した鋤の刃の上を歩き，火傷の有無により裁定する熱鉄神判，③水の中に入れた者が，浮かぶと有罪，沈むと無罪と裁定する冷水神判，④争っている者同士が法廷にて決闘用の武器を持ち，決闘に勝ったものを裁判の勝者とする決闘裁判，などのような形態があった。

　図1.1及び図1.2は，それぞれオーストリアのランバッハ修道院写本に描かれている熱鉄神判・冷水神判の様子である。

　興味深いことに，日本でも神判による裁きのカタチが古くから記録に残っている。『隋書倭国伝』における「或置小石於沸湯中，令所競者探之，云理曲者即手爛。或置蛇瓮中令取之，云曲者即螫手矣」との記述から（図1.3を参照），7世紀頃の日本では，争っている者同士に煮えた湯の中にある小石を拾わせて手が爛れた者や，蛇がいるかめに入れて手を螫された者に有罪の判断が下されていたことが分かる。また720年に完成したとされる『日本書紀』にも，日本の古代社会で行われていた盟神探湯と呼ばれる熱湯裁判についての記述が残っている。

　尚，盟神探湯の伝承が残る奈良県の甘樫丘の麓に，甘樫坐神社がある。毎年4月には，神社の境内にある立石の前で（図1.4を参照），盟神探湯を再現した神事が行われている。

　さらに室町時代から戦国時代や江戸時代の初期にかけて，争っている者同士が釜の煮えたぎった湯の中に手を入れて，火傷の程度で判決を下した

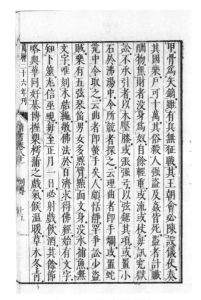

図 1.3　『隋書倭国伝』

図 1.4　甘樫坐神社の立石

湯起 請 や，熱した鉄片を握り裁定を下した鉄火起 請 が行われていた。こうした湯起請や鉄火起請を行う際には，当事者が起 請 文という誓約書を書き神仏に宣誓する手続きが行われた。

　起請文を書く際には神社や寺院の護符が用いられていたが，熊野大社の牛玉宝印の護符が使用されることが多かったという。図 1.5 の牛玉宝印には，熊野で神の使いである八咫 烏 が描かれているが，こうしたことからも当時は神の加護に基づいた判断の要素が強かったことが見受け

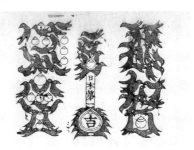

図 1.5　牛玉宝印

られる。因みに，八咫烏は日本サッカー協会のシンボルマークとして使われており，スポーツの試合などで見る機会がある。

## ② 法の概念と意義

そもそも法の存在というのは，共同生活を営んでいる人々が，その秩序を保つために生まれるものである。「社会あるところに法あり」という法格言の存在が古くから知られているが，まさにどのような社会にあってもその存立や維持のために，その社会の構成員には秩序だった行動が必要となる。つまり，「〜をしなさい」「〜をしてはいけません」といったルールが必要であり，社会生活を営むための行動基準が求められることにつながり，法の必要性や意義が問われることになる。

まずは，法の概念について自然科学との対比を通じて検討してみよう。法学は，社会科学分野の学問領域に含まれる。社会科学と自然科学の区別が必要なのは，それぞれの領域における「法則」の持つ意味が異なるためである。例えば，アイザック・ニュートン（Isaac Newton, 1642年〜1727年）が提示した，リンゴの実は木から真っすぐに落ちるという万有引力の法則を考えてみよう。ここでは「法則」という言葉が用いられているが，ではこの万有引力の法則が社会生活を営む上での「法律」と同じ意味合いなのだろうか。直観的に両者の間で差を感じる方も多いのではないだろうかと思われるが，まさにそうした点が社会科学と自然科学との相違点として挙げられるポイントである。

「〜をしてはいけない」や，モーセの十戒というような社会的な法則を**規範法則**と称するのに対し，水 = $H_2O$ や酸素 = $O_2$ といった科学的な法則は**自然法則**と称する。規範法則と自然法則の違いの一つとして挙げられるのが，違反の可能性の有無である。

規範法則の場合は，違反の可能性がある。「赤信号を渡ってはいけません」という交通ルールがあるにも拘らず，「みんなで渡れば怖くない」というような標語が巷に伝わっていることからも窺えるように，そうしたルールに違反することも想定しなくてはならない。対する自然法則の場合は，違反の可能性は全く無い。化学式で表されるところの水というのは，水素に酸素が結合した

| 規範法則 | 自然法則 |
|---|---|
| • 社会的なもの<br>　（⇒「～してはいけない」，モーセの十戒）<br>　⇓<br>• 違反の可能性あり<br>• 例外あり（条文の本文と但書の関係）<br>• 当為（命令・禁止）のカタチ<br>　（⇒「～であるべき」，「～をすべきではない」） | • 科学的なもの<br>　（⇒水＝$H_2O$，酸素＝$O_2$，万有引力の法則）<br>　⇓<br>• 違反の可能性なし<br>• 例外なし<br>• 存在（事実）のカタチ<br>　（⇒「～である」，「～となる」） |

**表1.1**　社会科学の法則と自然科学の法則の違い

$H_2O$ の形が絶対であり，$H_2O$ に違反するものは水では無いのである。酸素に炭素が結合した $CO_2$ があったとしても，それは新たな酸素の形態では無く，二酸化炭素という全くの別物である，というイメージがまさに当てはまるだろう。

　このように，自然法則においては例外はあり得ないのに対し，規範法則では例外があることになる。規範法則での例外というのが，法学でいうと法律の条文で規定される本文と但書との関係である（⇒第10章③②）。そのため，規範法則では**当為**の形，つまり「～であるべき」「～をすべきではない」という命令・禁止のカタチで示されるが，自然法則では**存在**の形，つまり「～である」「～となる」という事実のカタチで示される，との違いが生じることとなる（表1.1を参照）。

　具体的に条文を見ながら，考えてみよう。まずは，民法709条を見てみると，次のように規定されている。

> 民法709条
> 故意又は過失によって他人の権利又は法律上保護される利益を侵害した者は，これによって生じた損害を賠償する責任を負う。

　この規定は，他人の権利や法的利益を侵害する行為（これを，**不法行為**と称する）をしてはならず，侵害した場合は加害者が被害者に対して賠償責任を負うことが記されている。

　これに対し，1899年（明治32年）に施行された「失火ノ責任ニ関スル法律」

（失火責任法）では次のように規定されている。

> 民法第七百九条ノ規定ハ，失火ノ場合ニハ之ヲ適用セス。但シ，失火者ニ重大ナル過失アリタルトキハ，此ノ限ニ在ラス。

この失火責任法が制定された当時では，日本の家屋は木造建築が多かったために一度火災が発生すると，付近一帯に燃え広がり甚大な損害をもたらすこと，また失火によって自身の家屋を失った者に対して多大な賠償責任を負わせることは可哀そうであるという同情論が説かれたこともあり，成立した法律である。

• 一歩先① •　　　　　　　　　　民法起草者と失火責任法

失火責任法はその成立時より，議論が展開されていた。日本の明治民法の制定に関わった富井政章（とみいまさあきら）（1858年〜1935年）・梅謙次郎（うめけんじろう）（1860年〜1910年）・穂積陳重（ほづみのぶしげ）（1855年〜1926年）などは，当初から失火の場合にのみ加害者の責任が緩和される立法措置につき，反対意見を述べていた。

図1.6　左から富井政章・梅謙次郎・穂積陳重
（1999年発行の民法・商法施行100周年記念切手）

現代では，失火責任法が制定された明治時代と比較すると失火による大延焼の被害が低下していること，危険物による失火の場合は加害者の責任を問うべきこと，といった側面から，失火責任法の意義について議論の対象となっている。

まさに，民法709条と失火責任法との関係が，原則と例外との関係を示している。つまり，民法709条では，他人の権利や法的利益を侵害した者が損害賠償を負わなければならない，という原則になっているが，失火責任法では失火

の場合は例外的に加害者の損害賠償責任が免責される，という構図になっている。さらに，失火責任法の中にも原則（本文）と例外（但書）の形式があり，原則として失火の場合は民法709条に基づく損害賠償を負わないが，重大な過失があった場合は損害を賠償しなければならないことになっている。

　もう少し大きな視点から，原則と例外との関係を捉えてみよう。どのような社会にあっても，「汝，人を殺すなかれ」や「汝，盗むなかれ」といった精神は，古来より受け継がれてきているものである。殺人行為や窃盗行為を許していると，その社会が崩壊してしまう可能性があるためである。本来ならば，社会でこうした殺人や窃盗を犯してはならないというルールを守らなければならないのだが，それでも他人を殺めたり，人の物を盗む者が出てくる。そのような場合に備えて，現行の日本刑法では殺人罪（刑法199条）や窃盗罪（刑法235条）が規定され，罰則を設けている。

　こうした観点からみると，社会生活を営む上で，その社会の構成員が秩序に則った行動を取るために原則のルールが定められるものの，常にそのルールから逸脱する者を想定して，例外の場合も含めて対処するために法が機能しているといえよう。

・豆知識① ・

## 条文や判決文の表記のカタチ

　失火責任法では，漢字と片仮名交じりで条文の表記となっているが，これは現在の日本の法体系が形成される明治時代に遡ってみると，当時の法令の条文や判決文は，漢字・片仮名交じりで書かれていたこと，さらにその表現も文語体であったことの名残りによるものである。明治時代に書かれた判決書を見てみよう。

　図1.7は，1884年（明治17年）8月30日に福岡始審裁判所にて出された判決書の原本である（個人名については伏せて示している）。まず全体を概観すると，漢字・片仮名交じりの文語体の他にも，文章が縦書きとなっていること，漢字が旧漢字となっていること，句読点が振られていない，といった特徴が見て取れる。

図 1.7 判決書

戦前までは，多くの法令で漢字・片仮名交じりの文語体で書き表されていたが，戦後に現行の日本国憲法（1947年施行）が漢字・平仮名交じりの口語体の文体で制定されたこともあり，以後は基本法典も含め従来のカタチから改められることとなった。刑法は1995年に，民法は2004年に現代語

化への改正が行われた。基本法典の内，漢字・片仮名交じりの条文が残っていた商法も2018年に改正がなされ，戦後に制定された現行の日本国憲法（以下，憲法と表記する），刑事訴訟法（1949年施行），民事訴訟法（1998年施行）とを併せて基本六法は，現代語化された表現が使用されている。

　こうした条文の現代語化が進められ一般化している一方で，漢字・片仮名交じりの文語体の表記は現代法の世界にも未だに見受けられる。大正時代に制定された未成年者飲酒禁止法（尚，同法は2022年以降は，「二十歳未満ノ者ノ飲酒ノ禁止ニ関スル法律」に名称が改められる）は，20歳未満の者に飲酒を禁ずる現行法として効力を有しているし，戦前の<ruby>大審院<rt>たいしんいん</rt></ruby>（現在の最高裁判所に相当するが，組織や権限では違いもある）で下された判決も，その後の判例変更が特段無ければその判断は生き続けていることになる。

　いくら古い時代の法令や判例であっても，有効なものとして扱われている以上は，漢字・片仮名交じりの表記につき，現代でも読んで解する必要がある。一見すると，ハードルが高そうに感じられ，当時の独特な表現も相まって難解なイメージが付きまとうかもしれないが，こうした文章を読む際には，昔の日本社会の中に息づいていた日本語の感覚を感じ取りながら接すると，意味が掴めるようになるだろう。

<table>
<tr><td>第2章</td><td>「法」のカタチ</td></tr>
</table>

　見えるものとしての「法」として，まず連想されるのが文字化された法であろう。個々の具体的な規定を置く条文や条文により構成されている法典，或いはそうした法典を収録した六法，こうしたものは「法」を認識するための1つのカタチである。

　文字化された法を理解することは，法学との向き合い方で確かに重要な糸口となるが，カタチとして浮かび上がる「法」は文字化された条文や六法に過ぎないのだろうか。本章では，図像解釈学的アプローチと言語学的アプローチから考えてみる。

## ［1］　図像解釈学的アプローチ

　西洋社会と東洋社会で表現されてきた「法」のカタチから何を見出すことが可能なのだろうか。まずは図像解釈学のアプローチから見てゆこう。イコノロジーとも称される図像解釈学とは，絵画や造形物の背景にある歴史意識・精神・文化などを探求する学問分野である。いくつか代表的な作品を交えながら，それぞれの社会での「法」のカタチを解き明かすことを試みる。

①西洋社会における「法」のカタチ

　西洋社会における「法」のイメージ像は，Justitia 像（ユスティティア）である。Justitia 像は，古くより「法」を象徴する女神像として描かれ，現代でも司法の場や法律書の書籍の中で目にする機会が多い。

　図2.1は，ドイツのフランクフルト市にあるレーマーベルク広場にあるJustitia 像であり，1611年に設置された記録が残されている。現在のブロンズ

図2.1　フランクフルトにある Justitia 像　　図2.2　*Code civil des Français*

像の姿は1887年に作られたものである。図2.2は，1804年に制定されたフランス民法典（ナポレオン法典）であるが，その表紙には Justitia 像の図柄が掲げられている。

　Justitia 像は主にヨーロッパで描かれてきたが，現存する像の中で古いものとしてはドイツのバンベルク大聖堂の所蔵品に13世紀に描かれた女神の像が知られており，この頃から広く普及していったと見られる。法の女神像のルーツは，ローマ神話では正義の女神 Justitia にあるとされ，ギリシャ神話では秩序と掟の女神Themis，或いは Themis の娘である正義の女神Dikeに遡るとされる。

　法の女神 Justitia 像は各国で色々なカタチとして受け継がれているが，基本的には，①女神像であること，②右手に剣を左手に秤を携えていること，③殆どの女神には目隠しがされていること（或いは目を瞑っていること），の特徴を兼ね備えている。

　この内，Justitia 像が携えている秤は，現在日本の弁護士バッジにも刻印さ

れており，法を象徴するものとしてのイメージも併せ持っているといえる。この秤は，ローマの法学者であったウルピアヌス（G.D. Ulpianus, 170年頃～228年）が述べた「正義とは，各人に彼の権利を分配させようとする恒常不断の意思である」という法格言に代表されるところの，法により各人の物や行為を保護し，正義を追求するための公平さを示すものとされている。

　また剣は，その正義を実現するための力を象徴しており，この公平さと力を兼ね備えた姿を Justitia 像として図像化したものであることが知られている。秤と剣は古来から Justitia 像の道具として描かれてきたのに対し，目を隠した状態の Justitia 像は16世紀以降になって登場する。Justitia 像が目を隠すようになった要因については様々な解釈がなされているが，一般的には目を隠すことにより，法の適用がその人の容姿や身分に左右されることが無いように公正な裁きを行い，法の下の平等を実現することを示したとされている。

・ コラム ② ・　　　　　　　エジプトにおける「法」のカタチ

　中世ヨーロッパの世界では Justitia 像が「法」を象徴するカタチとして浸透していったが，他の地域文化圏ではどうだったのだろうか。

　エジプトでは，神話に登場する正義の女神 Maat が「法」を示すカタチとして語られる。

図2.3　Maat 像

図2.4　『死者の書』（アニのパピルス）

　Maat は，太陽神ラーの娘であり，知恵の神トトの妻であるとされているが，その特徴は頭に着けているダチョウの羽である（図2.3を参照）。これは，冥界で裁きを受ける際に，死者の心臓と Maat が身に着けている羽とを正義の秤で量り，釣り合えば天国へ行くことが出来るが，心臓の方が重ければ幻獣のアメミットに貪り食われた，との神話を象徴しているものと思われる。実際，死者の裁判を示した『死者の書』では，秤の一方に死者の心臓が，もう片方に Maat の羽又は Maat の像が描かれている（図2.4を参照）。

　興味深いのは，Justitia と同様に Maat は女神であること，また裁きにあたって秤が用いられていることである。法と文化という切り口から見ると，法を象徴するカタチの多面的世界が垣間見えるかも知れない。

　日本においても，図2.5のように旧札幌控訴院の正面玄関のレリーフに法の女神の姿を見ることが出来るし，また現在最高裁判所の大ホールにも図2.6のように圓鍔勝三（1905年〜2003年）作によるブロンズ像『正義の女神』が設置されている。

　こうした現在の日本で見られる Justitia 像のカタチは，明治時代以降に西洋法を継受する過程で日本にもたらされてきた西洋型の「法」のカタチである。

図2.5　旧札幌控訴院：正面玄関

図2.6　正義の女神

15

では，次にこうした西洋法の影響が入ってくる以前の時期，言わば東洋社会において伝統的に理解されてきたところの「法」のカタチについて見てゆこう。

②東洋社会における「法」のカタチ

　そもそも東洋社会における「法」のイメージ像はどのようなものであったのだろうか。東洋では，想像上の動物である獬豸像が「法」を表す図像として伝わっている。

　図2.7は，中国で唐の時代に作られたとされる陶製の鎮墓獣である。鎮墓獣とは，墓を守るために置かれた像であるが，一説によると獬豸を模したものとされている。図2.8は，日本の江戸時代に描かれた獬豸である。この獬豸は想像上の動物神である。獬豸のモチーフになった動物については，牛・鹿・羊・麒麟などが挙げられている。諸説はあるが，いずれも角を持つ動物がルーツとされているのが獬豸の特徴の1つである。改めて，中国及び日本での獬豸像を見てみると，確かに頭の部分に角が描かれているのが分かる。また，獬豸の毛の色は青色だったと伝えられている。

　獬豸は，裁きの場で登場する神獣である。獬豸が果たした役割については，いくつかの伝説が残されているものの，いずれも共通して語られているのは，獬豸は生まれながらにして善悪を判断できる能力を有していたこと，そのため争っている者同士で決着を図る際に，獬豸の前に連れ出されると獬豸が有罪の者を判断できた，というものである。有罪の者に対しては，これを食らったとするものもあれば，角で突いたと記しているものもあり，その処罰方法は一様ではないが，悪を罰するものとして獬豸が登場している。獬豸については，既に後漢時代に王充（27年〜没年不明）による『論衡』や，許慎（58年頃〜147年頃）による『説文解字』の中で言及がなされている。

　東洋での「法」のカタチとして現れる獬豸であるが，これは中国では法官のかぶる冠（獬豸冠）にも採り入れられたことが，記録に残されている。古くには，南北朝時代の范曄（398年〜445年）による『後漢書』に獬豸冠についての記述があるほか，さらに元代の脱脱（1314年〜1355年）の手により編纂された

16

図2.7 三彩鎮墓獣

図2.8 獬豸像

『宋史』にも獬豸冠の説明が付されており，そこでは冠の梁の上に木彫りで作った獬豸の角を付け，緑色の粉を塗っていたことが記されている。まさに，悪を成敗するものとして，獬豸の果たす役割に期待が寄せられていたと見ることが出来よう。

　尚，現代中国においても法官が用いる法槌の上部に獬豸を象ったものが見受けられ，伝統的な東洋社会における「法」のカタチが継承されている模様が窺える。

● 豆知識② ●

日本社会における Justitia 像の受容

　1884年（明治17年）に発表された民事訴訟用の訴訟印紙の図柄が残されている。裁判手続きを進める際に，裁判所に手数料を印紙で納付するのだが，この当時発行された9種類の訴訟印紙は，その手数料の額に応じて，色が分かれていた（3銭：灰色，5銭：黒色（図2.9を参照），10銭：赤茶色，50銭：褐色，1円：黄色，5円：青色，10円：橙色，15円：緑色，20円：セピア色）。

　訴訟印紙の図柄を拡大して注視すると，女性の右手には「法」の文字が示されている書物を携えており，さらに左手には剣と秤が置かれている。

図2.9 訴訟用印紙・5銭

この図柄は，明治時代に欧米の制度や技術を日本に導入するために招聘されたお雇い外国人であった，イタリア人のエドアルド・キヨッソーネ（Edoardo Chiossone, 1833年～1898年）が考案したものであった。

図2.9のような図柄の見本が示された際には，西洋の婦人が日本の書籍を携えており，非常に不体裁の図形になっているとの意見が挙がった。この見解に対し，当時の大蔵卿であった松方正義（1835年～1924年）は，図柄に変更を加えるだけの時間的猶予が無いことと共に，この図柄は西洋の婦人を描いたのではなく，日本の婦人が古代の服飾を纏っているものである，と回答している。

女性・剣・秤という Justitia 像の特徴を兼ね備えており，Justitia 像と見ることが出来得るが，果たして読者はこの訴訟印紙の図柄を，西洋由来の Justitia 像と見るだろうか。それとも，伝統的な日本人の女性の佇まいを現したものと見るだろうか。

## ② 言語学的アプローチ

続いて，言語学のアプローチからの分析を試みる。そもそも「法」という単語は，どのような意味が示されていたのか，という側面から，いくつかの言語を取り上げながら考察してゆく。

①西洋社会における「法」の意味

西洋社会で意味するところの「法」というのは，「権利」をも意味する，と

いう特徴がある。ドイツ語の "Recht"，フランス語の "droit"，イタリア語の "diritto" は，それぞれ「法」を意味する単語であるが，辞書で見ると「権利」という訳語も同時に与えられている。つまり，言語学的に見ても，西洋では「法」と「権利」は密接不可分の関係であることが読み取れるのである。

英語は少々特殊である。イギリスで法用語として用いられていたノルマン・フランス語での "droit" や "dreit" といった単語は「法」と「権利」の意味が含まれていたとされているが，現在使われている英語では "law"（法）と "right"（権利）に区別されている。これには，英単語の "law" の言語学的ルーツとも関わっていると見られる。元々 "law" は，北欧のヴァイキングが用い，近代のデンマーク語・ノルウェー語・スウェーデン語のルーツともなっている古ノルド語を起源としていることに要因があると考えられる。

こうした西洋言語圏での「法」と「権利」との密接不可分性は，著作の中でも窺われる。ドイツの法学者，ルドルフ・フォン・イェーリング（Rudolf von Jhering, 1818 年～1892 年）による『権利のための闘争』（*Der Kampf ums Recht*, 1872 年出版）の冒頭の一節を見ると，「権利＝法の目標は平和であり，そのための手段は闘争である」との訳文が示されているものがある。これは，まさに原文のドイツ語の "Recht" にルビで「レヒト」と記しながらも，その意味には「法」と「権利」の双方の意味が含まれていることが分かる。

しかし，西洋では「法」と「権利」が密接不可分であっても，両者を明確に区分する場面も出てくることがある。そうした時には，同じ単語でありながら見方を変えるという手法が用いられる（図 2.10 を参照）。

つまり，同じ "Recht" であっても，これを主観的に見るならば個人が有するものとしての「権利」を意味し，客観的に見るならば全体のルールとしての「法」を意味する，と区分するのである。

図 2.10　"Recht" の分析

②東洋社会における「法」の意味

　対する東洋（日本や中国）での伝統的な「法」の意味合いは，どのようなものだったのだろうか。漢字で書き表す際にそれぞれ異なっていることからも窺えるが，「法」と「権利」を密接不可分な関係に捉える西洋社会とは異なり，東洋での漢字圏の「法」という文字には「権利」の意味は含まれていない。

図2.11　「灋」の分析

　巷では，「裁判では血も涙もない冷徹な判断がなされ，時に訴えが認められないために，泣き泣き去らなければならない，ということから"氵"に"去"で"法"という漢字が生まれた」と指摘されることもあるようだが，この考えはあくまでもイメージに過ぎず，実際の漢字の成り立ちから見ると，正確な理解ではない。というのも，現在の漢字では「法」と表記するが，古代中国ではこれを「灋」と表記されており，図2.11に示したように3つの部分から成り立っていたためである。

　これら3つの部分は，それぞれが「刑」・「罰」の意味を有していたのだが，これこそが東洋における法概念の特徴である。1つずつ見てゆこう。

【氵】

　まずは，部首の「氵」（＝サンズイ）である。部首がサンズイの漢字を想像すると，「池」・「河」・「湖」・「海」・「汗」・「泳」など，「水」に関するものが多いことが窺われる。では，「法」という漢字の部首は何故サンズイなのだろうか。さらに踏み込むならば，「法」と「水」はどのように関係し合うのだろうか。

　この問いに対する答えの実践的な意味合いとして，古代の社会における「河」の存在が指摘されている。古代では，「河」を指標として領土を確定していた。仮に，領土内で死刑に処するまでには至らないものの，領土内に留めて

おくことは出来ないような罪を犯した罪人が出た場合，その罪人を河の対岸へと追放することを処罰として科することもあった。ここから，「水」には刑罰のイメージが示されていたとされる（図2.12を参照）。

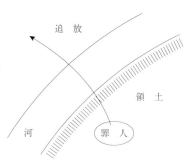

図2.12 刑罰のイメージとしての「水」

　他にも，部首にサンズイが用いられている理由として，「水のように平ら」というところから「水平」・「公平」という意味に転じたという考えや，熱湯裁判（⇒第1章コラム①）のように「水」を用いた裁判形式があったため，という見解も示されている。

## 【廌】

　続いて「廌」は，獬豸を意味する1字である。前述のように，獬豸は裁きの場で善悪の判断を行い，有罪の者を見抜き，刑罰を執行するものとして，東洋社会における法のカタチとして描かれてきた1本角の神獣である。「灋」という漢字の主要部分を為すものとして，「廌」の字は威厳を象徴すると共に，古代中国における司法の場面で重要な位置づけを有していたものとされている。

## 【去】

　最後の「去」の部分だが，元来の意味は弓と矢が離れていることを示していた。「去」の対義字は「夷」とされ，「夷」は弓と矢がセットになっていることを示していた。これは，原始社会において狩りに出かけた際に，獲物に刺さった矢と弓とが一致するか否か，で以って紛争の解決を図っていたこと，そしてそこから弓と矢の状態によってもめ事の判断がなされていたことに由来するものであるとされている。まさに，実際の事件を解決する場面において，証拠調べを通じて弓と矢が証拠を示す手段として使われていたことから，「去」という字は証拠が一致していないことを示していたのである。

こうした，「氵」「廌」「去」という3つの部分から構成される「灋」の字であるが，これらの部分が組み合わさると，刑事罰という側面が強いことが窺える。つまり，証拠の調査を通じて事件を解明する中で（「去」），有罪と判断された悪者は罰せられなければならず（「廌」），罪を犯した者は河の対岸へと追放することが求められていた（「氵」），これこそが「灋」という字に込められた意味合いであると見ることも出来よう。

以上のように，西洋では「法」と「権利」が同じ単語で表現されるのに対し，東洋の「法」という漢字には「権利」の意味合いの要素は元々無かったという違いがある。では，「権利」という言葉は，漢字の成り立ちから見るとどのような意味が付されているのだろうか。

日本では，明治時代の文明開化と共に，西洋諸外国の法制度を継受することとなったが，その際に日本固有の概念にはなかった言葉が翻訳され，日本社会に導入されていった。「動産」や「不動産」といった法律用語が登場するのもこの時代であるが，そうした翻訳の過程で誕生したのが「権利」という単語であった。このように，「法」という漢字は，古代中国の漢字までルーツを遡ることが出来るのに対し，現代の意味で用いられるところの「権利」という言葉は，明治時代に「権」と「利」の漢字を組み合わせて生まれた造語であり，言葉としての歴史は浅いのである。

まず「権」であるが，本来は「物を量る秤」を指す漢字であった。そこから「重み」の意味が派生し，直接的には「力」を示す際に使われるようになる。続いて「利」であるが，こちらは偏と旁に分けられ，「禾(イネ)」と「刀(カタナ)」が組み合わさった漢字である。元々は「稲束を刀でスパッと切る」ことを示していたが，次第に「物事がすらりと通ること」や「都合の良いこと」という意味で用いられてゆくようになる。この「権」と「利」の2文字を漢字の意味合いから純粋に読み解くと，肩を怒らせて，さらには自身の力を堅持しながら利益を主張する，というニュアンスが含まれていることになる。

このように，そもそも「法」と「権利」の意味合いを併せ持つ西洋法的観点と，「法」と「権利」を別個のものとして想定している東洋法的観点とには差

が見られるが，これは翻訳の過程で意識面でのズレが生じた結果に基づくものである。と同時に，西洋では「法」とは権利を尊重するものとしての意識として根付き，民法分野が発展していったのに対し，東洋では「法」とは刑罰観念と紐づき，刑法分野のイメージが強く想起されるようになっていった，という文化面での相違も背景としてあったといえよう。

### ③ 「法」を表すところの道具

　こうした西洋と東洋の社会における「法」の意味合いの差は，「法」を表すところの道具の違いからも見えてくる。具体的な法律の条文から見てゆこう。

　まずは，刑法199条の殺人罪を例に見る。現行の日本刑法は，西洋の刑法を参照して作られているので，ここから西洋の世界観で用いられている法の道具が垣間見えてくる。

---

刑法199条

　人を殺した者は，死刑又は無期若しくは五年以上の懲役に処する。

---

　殺人を犯すと，その刑罰として，死刑・無期懲役・有期懲役の中から選択されることとなる。さらに有期懲役の場合は，刑期が 5 年以上20年以下となり（刑法12条 1 項），個別具体的な事由により判断されるように規定がなされている。

　このように，ある犯罪類型に対する刑罰の種類を選択的に規定し，或いは上限と下限の刑期を定めておき，その幅から刑罰を選択する裁量を裁判官に委ねる形式のことを**相対的法定刑**と称する。これは，言い換えると西洋においては，犯罪の経緯に至るまでの事情である犯情とそれに見合う刑罰の釣り合いを見るための秤の役割としての法があることとなる。まさに法の女神 Justitia 像に古来から描かれ続けてきた秤が，西洋由来の法文の中にも垣間見える。

　秤の機能を持つ相対的法定刑のメリットは，同じ案件でも犯情の評価に差を設けることが出来ることである。金銭を得る目的で殺人を犯した事件と老々介護に疲れ果てて配偶者を殺してしまった事件とを考えてみよう。どちらも殺人

図2.13　相対的法定刑と秤の機能

事件であるが，前者のケースは自らの私利私欲が絡んだ身勝手な犯罪行為であるのに対し，後者のケースでは気の毒な状況でやむに已まれない事情があり，可能ならば情状酌量の上で軽い刑としたい，と心情的に誰しも思うところであろう。こうした場合に，相対的法定刑では両者の案件で差を設けられることが出来る（図2.13を参照）。

　但し，この現代法で取られている相対的法定刑だが，正しく機能するかは重要な問題になり得る。つまり，量刑は裁判官の裁量に委ねることになるため，裁判官による恣意的な裁判をもたらす危険性が排除されないのである。実際のところは，裁判官は同種の事案での量刑を参照し，仮に不当な量刑であるならば**上訴**することで是正を求める手段はあるので（⇒第9章③①），実際に不利益を被ることは限りなく少ないと思われる。ただ，人が人を裁く以上はその危険性を全て除去することは出来ないことは，常に意識しておく必要があるだろう。

　対する伝統的な東洋での裁きは，**絶対的法定刑**と称される形式を用いていた。絶対的法定刑とは，殺人罪であれば「人を殺した者は，死刑に処する」というように，ある犯罪類型に対する刑罰を一義的に定める規定の形式のことをいう。それぞれの犯罪に対する刑罰の幅を持たせることになっていないため，どの犯罪類型がどの刑罰に該当するかが自動的に決まり，裁判官による恣意的な裁判の危険性は少なくなる。

　しかし，絶対的法定刑でもデメリットがある。つまり，西洋のように犯情と刑罰の釣り合いを取る秤は用いられず，ある犯罪類型に対する刑罰を画一的に適用することになるので，大枠でのみ刑罰を定めてしまうと，問題が生じ得る。例えば，窃盗罪で少額の金品を盗んだ者と多額の金品を盗んだ者が，全く同じ処罰では裁判に対する信頼が失われてしまう可能性が出てくる。そこで，東洋社会では，あらゆる犯罪類型を事前に想定しておき，予めどの刑罰に該当するのかを決めておく手法が取られていた。

• 一歩先② •　　　　　　　予測不能な犯罪を裁くときには……

　伝統的な東洋社会での処罰体系は，ありとあらゆる犯罪類型を予め想定して規定を置いておく絶対的法定刑システムが取られていた。この方法では裁判官は事実に基づき犯罪に見合う刑罰を当てはめてゆくことになるのだが，やはり社会の変動に伴い法典では予測していなかった新たな事態を裁く場面に遭遇することもあり得る。

　そうした事前に予測出来なかったような犯罪を裁く場合はどうしていたのだろうか。実はそうした事態をも想定していた規定も置かれていた。近代の日本で刑法典を編纂する過程で1870年（明治3年）に作られた新律綱領を例に，東洋的な法の思考形態を見てみよう。

　まずは，断罪無正条（だんざいむせいじょう）である。

> 新律綱領・断罪無正条
>
> 凡律令ニ，該載シ尽サヽル事理，若クハ罪ヲ断スルニ，正条ナキ者ハ，他律ヲ援引比附（えんいんひふ）シテ，加フ可キハ加ヘ，減ス可キハ減シ，罪名ヲ定擬シテ，上司ニ申シ，議定ツテ奏聞ス。若シ輙（たやす）ク罪ヲ断シ，出入アルコトヲ致ス者ハ，故失ヲ以テ論ス。

　これは「罪を判断するのに正しい条文が無い場合」を想定しているものであり，律令に規定が無いために処罰することが出来ない場合には，他の律を「援引比附」，すなわち**類推適用**（⇒第7章④）のようなカタチで当てはめ，犯した罪に類似する罪を定めた条文を基準にして，処罰を決めることとなる。

　続いて，不応為条（ふおういじょう）である。

> 新律綱領・不応為条
>
> 凡律令ニ，正条ナシト雖モ，情理ニ於テ，為スヲ得応（べ）カラサルノ事ヲ為ス者ハ，苔三十。事理重キ者ハ，杖七十。

これは，律令に規定が無い犯罪であっても，「情理に従い，為すを得ざる行為」，つまりやってはならない事をしたのであるならば，刑罰が科されることを認める規定である。

　　現代刑法ではこうした考え方は，**罪刑法定主義**の原則（⇒第5章豆知識④）とぶつかり合うために否定されているが，予測不能な犯罪類型が出た場合にも悪事を裁くことを想定していた，東洋的な法の概念が見えるところである。

　こうした絶対的法定刑に則っていた伝統的な中国の刑罰システムでは，**五刑**が基本的に用いられていた。唐の時代に完成した五刑は，軽い方から重い方へ順に，笞・杖・徒・流・死の5つに大別される刑罰であり，さらにそれぞれ細分化されて刑が執行されていた。

　まず，笞刑である。笞刑は，細長い棒でもって罪人の臀部を打つ打撃刑であり，打つ回数により軽重を区分し，軽い方から順に，10回・20回・30回・40回・50回としていた。

　次に，杖刑である。杖刑は，笞刑よりも一回り太い杖でもって罪人の臀部を打つ打撃刑である。杖刑も，60回・70回・80回・90回・100回と，打つ回数により軽重を分けていた。

　杖刑の次に重い刑罰類型が，徒刑である。徒刑は，一定期間罪人を拘束し，強制労働を科すという有期の労役刑である。徒刑は，期限でもって軽重を定めており，1年・1年半・2年・2年半・3年と5段階に分けられていた。

　さらに重い刑が，流刑である。流刑は，辺遠の地への追放刑であり，距離でもって軽重を決めていた。流刑の場合は，2000里・2500里・3000里の3段階で区分されていた。

　最も重い刑罰が，死刑である。死刑はその執行方法により，絞・斬の2段階に分けられていた。絞首よりも斬首の方が重い刑罰であったが，これは死後の世界で平穏に暮らすことが出来ないように，重罪を犯した者に対しては頭部と身体を切り離す，という世界観に基づくものである。

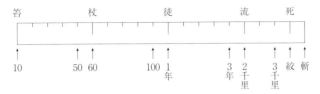

図 2.14 絶対的法定刑とものさしの機能

　このように，東洋的な世界観に基づく伝統的な刑罰システムは，犯した罪がどの刑罰に該当するのか，ということを定める一種のものさしが機能していたと見ることが出来る。この刑罰を量るものさしは，大きな目盛りは五刑の５つ，さらに小さな目盛は20等級に分けられているものであった。この量刑を量る尺度は，中国の唐の時代に基本の形が定められ，長年に亘り機能し，日本にも影響を与えることとなる。試しに，この五刑二十等級の概念を図で示すと図2.14のようになる。

　これは，左から右に向かって，次第に刑罰の目盛りが重くなっていることを示しているものであるが，東洋においてはこのように予め定められた緻密なものさしに従って，裁きを行っていたのである。

　西洋での秤と東洋でのものさしでの処罰観念の違いを，日本の現行刑法と明治期に編纂された新律綱領における窃盗罪の規定を例に改めて見てみよう。前者が西洋型の法観念が盛り込まれているのに対し，後者は東洋型の律の観念によるものである。

刑法235条
他人の財物を窃取した者は，窃盗の罪とし，十年以下の懲役又は五十万円以下の罰金に処する。

新律綱領・窃盗
凡窃盗，財ヲ得サル者ハ，笞四十。財ヲ得ル者ハ，贓ヲ分タスト雖モ，贓ヲ併セテ，罪ヲ科ス。従タル者ハ，各一等ヲ減ス。
其臨時，捕ヲ拒ク者ハ，強盗ヲ以テ論ス。若シ 事 主（ヌスマレヌシ）覚逐スルニ財ヲ棄テ

逃走スルヲ，追逐シ，因テ捕ヲ拒ク者ハ，罪人拒捕律ニ依ル。

掏摸スル者，亦同。

若シ盗ニ因テ，過失傷スル者ハ，凡闘傷ニ，一等ヲ加ヘ，罪，流三等ニ止ル。死ニ至ル者ハ，絞。

　　一両以下，笞五十

　　一両以上，杖六十

　　一十両以上，杖七十

　　二十両以上，杖八十

　　三十両以上，杖九十

　　四十両以上，杖一百

　　五十両以上，徒一年

　　六十両以上，徒一年半

　　七十両以上，徒二年

　　八十両以上，徒二年半

　　九十両以上，徒三年

　　一百両以上，流一等

　　一百一十両以上，流二等

　　一百二十両以上，流三等

　　三百両以上，絞 ○ 三犯，五十両以下ハ，流三等。五十両以上ハ，絞。

　一見すると，同じ窃盗に対する罪を処罰するための規定とは思えないほど，条文の長さが異なっているようにも思えるが，これこそが西洋と東洋の刑罰観念の差を体現しているものといえる。

　両者の規定を単純に図式化すると，西洋の刑罰観念が図2.15，東洋の刑罰観念が図2.16のようなイメージとなる。

　西洋の刑罰観においては，抽象的な文言を条文の中に規定し，窃盗額が少額ならば軽罪，多額ならば重罪となるように，秤のバランスを取ることが機能として求められていることが分かる。対する東洋の刑罰観では，窃盗罪を裁くた

西洋の刑罰観念

図2.15 法に基づく窃盗罪の処罰

東洋の刑罰観念

図2.16 律に基づく窃盗罪の処罰

めに予め細かい処罰基準をものさしとして定めておき，窃盗額が大きくなれば
なるほど，目盛りを右へと動かし，処罰を重くすることがなされていた。

　こうした西洋と東洋での法感覚，すなわち道具という観点から見るならば，
西洋社会の「秤」と東洋社会の「ものさし」が違いとして浮き彫りになるとい
えよう。

• コラム③ •　　　　　裁判所の制服――「法服」のデザイン

　裁判所において着用する制服のことを，**法服**という。現在日本の裁判所
では，裁判官及び裁判所書記官が法服を着用しているが，戦前では検事・
弁護士も法服を着用していた。

　戦前の法服は，司法大臣であった山田顕義（やまだあきよし）（1844年～1892年）が欧米諸国
で法服が着用されていることに着目し，黒川真頼（くろかわまより）（1829年～1906年）にデザ
インを委嘱したことによって考案されたものである。判事・検事・裁判所
書記官の法服は1890年（明治23年）に，弁護士の法服は1893年（明治26年）
に定められた。

　さて，その法服のデザインであるが，黒地をベースとして刺繍の縫い取
りの色により，判事は紫，検事は緋，裁判所書記官は緑，弁護士は白，と

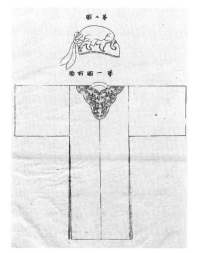
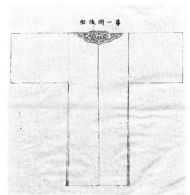

図2.17　大審院判事の法服

区別されていた。また黒地の帽を被ることとなっていた（図2.17を参照）。

　これは，聖徳太子と伝えられている像の服装を土台にして作られたものとされる。西洋式の裁判所が建築されてゆく過程において（⇒第9章１②），服制としては東洋的な要素が入り込んだものと見ることが出来よう。

　尚，現在の裁判官及び裁判所書記官が着用する法服に関する規定は戦後に定められたものなので，デザインは異なっているが，その色は戦前期と同様に黒となっている。法服の黒という色は，何物にも染まらないということから，裁判の公平性を象徴しているといわれている。

<table>
<tr><td>第 **3** 章</td><td>日本人の法意識論</td></tr>
</table>

　次に，法意識論という観点から理解を深めるために，日本人にとっての法に対する親近感や裁判所に対するイメージ，といった視点から考察してみよう。

　日本人の法意識を探る前に，1つのお題を示してみたい。

・コラム④・　｜　　　　　　　　法学部生の日常会話？

　以下は，とある法学部生（と考えてもおかしくない）会話である。内容を踏まえた上で，設問に答えてみよう。

　A：今日，民法の授業があるのに，肝心の六法を忘れてしまったんだ。どうしよう，困ったな……。

　B：六法が無いとマズいの？

　A：そうなんだ。あの先生厳しいから，六法を持参していないと授業を受講できないんだ。

　B：じゃあ，六法貸してあげようか？今日は授業も終わったから，六法も使わないし。

　A：えっ！マジで⁉サンキュー‼本当に助かるよ。

　B：じゃ，六法貸すね。あっ，でもちょっと待って。折角自分も法律を勉強しているし，今から契約書を作ってみよう，っと。合意が取れて契約を交わしてから，六法を貸すことにするよ。それでいいよね。

(1)　自身がAだった場合，契約書を作成することに賛成し，その中身を吟味するだろうか？それとも契約書を作成せず，別の友人から六法を借りるようにするだろうか？

(2) 自身がBだった場合，どのような内容の文言を含めた契約書を作成するだろうか？

　まず，法学部生だからといってキャンパス内でこのような日常会話が繰り広げられ，契約書が飛び交っていることは基本的には無いので，一先ず安心して欲しい。あくまでも仮想の会話を想定している。ただ，こうした内容のお題が示された時，どのように回答するだろうか。

　多くの場合は，たかが授業時間の六法の貸し借り如きに契約書を作るまでも無いだろう，と直感的に思うのではないだろうか。かつて日本の判例においても，「わが国の社会一般において契約が結ばれた際，これに基き書面を作成することをさえ嫌う風習があることは，公知の事実に属するところ」である，と指摘されたこともある程である（東京地判昭和32年7月31日下民8巻7号1366頁）。もし仮に契約書を作成するにせよ，返却期限についての簡単な取り決めで解決を図ろうとするだろう。しかし，ここから日本人の法意識，或いは契約観をめぐる論議を垣間見ることが出来る。

# １　日本人の法意識論をめぐる学説

　日本人の法意識論は，法をめぐる議論の一つとして古くから扱われてきた研究テーマである。恐らく多くの読者にとって法や裁判はどこか遠い存在である，或いは裁判所は敷居が高いイメージに感じられる，というものが感覚的にあるだろうが，こうした問題についてこれまでいくつかの要因につき検討を進める研究が行われてきた。代表的な学説を中心に見てゆこう。

①文化要因説
　日本での訴訟件数は欧米諸国と比較すると少ない，という指摘は多くなされている。各国における裁判の制度や裁判所の管轄権が異なっているため，単純な比較というのは容易ではないが，凡そのイメージで見てみるとどうだろうか。

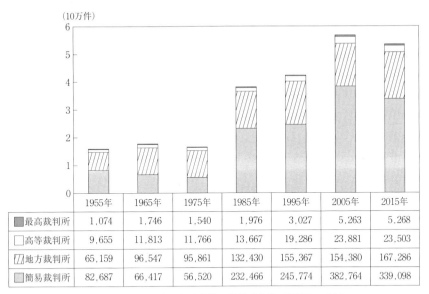

(10万件)

| | 1955年 | 1965年 | 1975年 | 1985年 | 1995年 | 2005年 | 2015年 |
|---|---|---|---|---|---|---|---|
| ■最高裁判所 | 1,074 | 1,746 | 1,540 | 1,976 | 3,027 | 5,263 | 5,268 |
| □高等裁判所 | 9,655 | 11,813 | 11,766 | 13,667 | 19,286 | 23,881 | 23,503 |
| ▨地方裁判所 | 65,159 | 96,547 | 95,861 | 132,430 | 155,367 | 154,380 | 167,286 |
| ▨簡易裁判所 | 82,687 | 66,417 | 56,520 | 232,466 | 245,774 | 382,764 | 339,098 |

図 3.1　全国の民事・行政事件の訴訟事件数（新受）の傾向

先行研究で示された統計によると，1980年代から1990年の比較分析では，人口
1,000人あたりの民事事件の訴訟件数が，イスラエル，ドイツ，スウェーデン
が約100件，アメリカのアリゾナ州が約60件，ニュージーランドが約50件，フ
ランスが約40件となっているのに対し，日本は中国と並び6件程度となってい
る。つまり，少なくとも日本では，1980年代から1990年にかけて他の諸外国と
比較すると，訴訟件数が低い印象となっているのである。また，現在の訴訟手
続きが制度上形成された後，日本の民事・行政事件の訴訟件数の推移を10年ご
とで見ると，図 3.1 のように変遷している。

　注目されるのが，戦後から現代に至るまでの長いスパンで見ると，徐々に日
本での訴訟件数自体は増加傾向にあることである。それでも，人口10万人あた
りの訴訟件数に関して日米で比較すると，2017年では日本の簡易裁判所と地方
裁判所の通常訴訟新受件数の合計が381件であったのに対し，アメリカのカリ
フォルニア州の下級審裁判所での賠償請求の訴訟新受件数・少額訴訟件数の合
計が1,958件であったとされる。このようにしてみると，やはり現代において

も国際的に見て日本では訴訟件数が少ないといえよう。

　諸外国との比較で，日本では従来より訴訟率が低いことの要因を考察するにあたり，日本では西洋と異なり権利意識が欠如しており，訴訟を提起することは好まれず，仮に紛争や争い事が起きたとしても，日本社会では丸く納めようとする傾向にあるが，それは日本人の「和の精神」が尊ばれることをその要因として見る考えが説かれることとなった。つまり，日本人は訴訟を好まない傾向にあるが，その理由は日本人特有の文化にある，とする**文化要因説**が示されたのである。

　代表的な論者の著作として，川島武宜（かわしまたけよし）（1909年～1992年）の『日本人の法意識』（1967年出版）が挙げられる。川島氏の見解によると，日本人の伝統的な紛争解決の基本的な姿勢として，まずは当事者がお互い協議をし，折り合いの付く妥協点を見出し，和の関係を作り出すことが求められることになる。そうした関係性を重視する立場からするならば，裁判のように黒白をつけることは，当事者間の関係を破壊することを意味する。そのため，日本では和解や調停という裁判外での紛争解決方法が好まれやすいという傾向が見受けられる，とする。

　また，野田良之（のだよしゆき）（1912年～1985年）も日本での訴訟率の低さは日本人の文化的な要因に起因することに着目した学者である。詳細は，同氏の論稿として『内村鑑三とラアトブルフ　比較文化論へ向かって』（1986年出版）内にまとめられているが，農耕民型・遊牧民型メンタリティ論に基づき比較する考えを展開した。

　野田氏は，日本人は農耕型メンタリティに属しているとして，その特徴は農耕により自然の恩恵を受けて生活の基盤を築くこと，そして定着して生活をするため各々の行動範囲は狭く静穏な環境にあることから，個人対個人で衝突する必然性は無く，強い規範意識は生じないものであるとする。

　一方，西洋社会では，遊牧民型メンタリティが育まれてきたと見ている。遊牧民型メンタリティの特徴は，自然と対峙しながら生活すること，それに伴い定着して生活をしないために各々の行動範囲は広くなることから，個人対個人の衝突は避けられず，強い規範意識が生ずることになる。

| | 農耕民型メンタリティ | 遊牧民型メンタリティ |
|---|---|---|
| 行動パターン | 行動範囲が狭い（定着型）<br>→闘争が生じにくい | 行動範囲が広い（非定着型）<br>→闘争が生じやすい |
| 規範意識 | 強くない | 強い |
| 発展する法分野<br>（→理由） | 刑法<br>→秩序を乱す者を排除するため | 私法<br>→フェアな闘争を実現するルールを作るため |

**表 3.1**　農耕民型・遊牧民型メンタリティ論による比較

　農耕型メンタリティと遊牧民型メンタリティでは，前者は社会生活は元々平和であり，これを乱すような闘争は極力排除され，社会秩序を乱す者を排除するために刑法分野が発展してゆく。それに対し，後者は社会生活の平和を実現するためには闘争という手段が取られ，こうした闘争をフェアに実現するためにルールが必要となり，勝敗を決めるための私法分野が発展してゆくという点で違いが浮き彫りになる。この性格論の相違は，「法」のイメージをめぐる西洋と東洋との違いとも関連して興味深い視点といえよう（表 3.1 を参照）。

②制度要因説（機能不全説）

　日本人の文化や精神・性格論に着目し，日本の訴訟動向を諸外国と比較して分析及び解明する文化要因説が長らく通説的な見解として見られていたが，その後，こうした日本人は本質的に訴訟を嫌うというのは神話に過ぎないのではないだろうか，という反論から別の学説が提唱されていった。むしろ，日本でも訴訟が一定数提起されていることからするならば，日本人の法意識や法文化というものよりも，裁判官や弁護士の人数が諸外国と比較すると少ないこと，また訴えを提起したとしても解決に至るまでの金銭的・時間的な負担が大きいという制度的な問題があるために，訴訟件数が少なくなっている，という考えが説かれ，注目を浴びた。

　こうした学説を，**制度要因説**（又は**機能不全説**）と称する。代表的な論者の著作として，大木雅夫（1931年～2018年）の『日本人の法観念　西洋的法観念との比較』（1983年出版）が挙げられる。

実際に，民事訴訟を利用した人を対象に行われた調査統計（2016年）に基づき，制度要因説の内容を検討してみよう。裁判を開始するにあたって躊躇したか否か，という質問項目に対する回答を見ると，「躊躇する」が49.4％，「躊躇しない」が50.6％というデータが示されている。

　訴訟を躊躇う気持ちを持った者も相当数おり，決して低くはないが，訴訟を躊躇わない気持ちを持った者の割合も相当高く，ほぼ拮抗しているとの統計結果となった。この結果を見る限り，裁判を通じて解決することを望む人の割合もかなり高く，日本人の権利意識が薄弱である，と説く文化要因説にも限界があるように思われる。

　そもそも，日本で「和の精神」を保つことが美徳とされていたならば，訴訟制度が発達しなかった筈である。しかしながら，実際に江戸時代には多くの訴訟が提起されていたことが記録に残されている。それでは，最初の問いにもかかわる問題意識として，諸外国と比較するならば日本の訴訟率が相変わらず低いのは何故だろうか。

　この要因を考えるにあたり，日本人の権利意識が薄弱であるとの文化的側面や性格論によって，導き出されるものではなく，訴訟手続きの制度運用面での問題があるためであるとの指摘がなされるようになった。先ほどの民事訴訟利用者に基づく意識調査で，裁判を躊躇した者にその理由を尋ねた項目で示された回答は図3.2のとおりである。

　回答の中で，圧倒的に多かったものが「時間がかかる」（78.4％）と「費用がかかる」（75.3％）である。つまり，訴訟を提起しようとしても，時間的・金銭的負担が大きいため，裁判沙汰を嫌うようになり，その結果により諸外国と比較すると訴訟件数の割合が低いのではないか，という見解が示されるようになったのである。

　確かに，図3.3から見ても，日本における弁護士1人あたりの国民数の割合は，諸外国と比較するならばその差は歴然である。

　また，図3.4にもあるように，司法制度改革に伴い，弁護士・裁判官・検察官の法曹人口は着実に増えており，中でも日本の弁護士人口は比率で見てもか

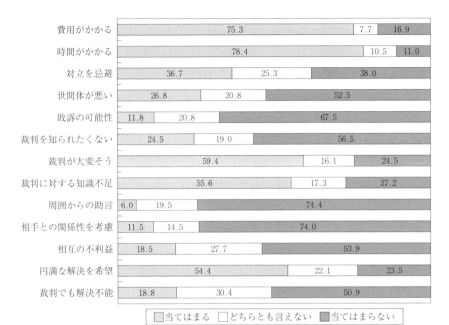

図 3.2 訴訟を躊躇する理由

なり増えてきている。そのため，諸外国との人口比での弁護士数は次第に差が縮まってきてはいるが，それでも，未だにフランスとは 3 倍，アメリカとは12倍もの開きがある。

さらに，日本国内の弁護士の分布という観点からも，注目したい。図3.5は，各都道府県の人口 1 万人あたりの弁護士数の分布（2019年）を示したものである。

顕著に弁護士が多いのは東京都（14.16人）であり，大阪府（5.28人），京都府（3.02人），愛知県（2.65人），福岡県（2.57人），岡山県（2.15人），広島県（2.10人）と続いている。人口 1 万人あたり弁護士が 2 人以上いる都道府県は以上の 7 都府県に止まっており，対して，人口 1 万人あたり弁護士が 1 人以下となっているのは，山形県（0.91人），青森県（0.90人），岩手県（0.83人），秋田県（0.78人）の 4 県となっている。こうした弁護士の全国分布で見ても，地方に比べ都市部に集中している傾向があり，弁護士の偏在化の現象があるといえる。

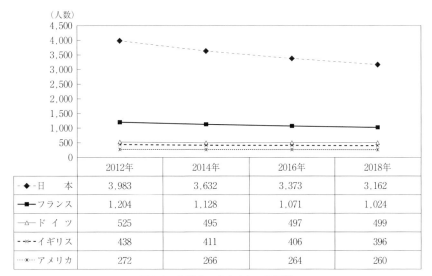

| | 2012年 | 2014年 | 2016年 | 2018年 |
|---|---|---|---|---|
| - ◆ - 日　　本 | 3,983 | 3,632 | 3,373 | 3,162 |
| ─ ■ ─ フランス | 1,204 | 1,128 | 1,071 | 1,024 |
| ─ △ ─ ド イ ツ | 525 | 495 | 497 | 499 |
| - ✕ - イギリス | 438 | 411 | 406 | 396 |
| ……✕…… アメリカ | 272 | 266 | 264 | 260 |

図3.3　弁護士1人あたりの国民数

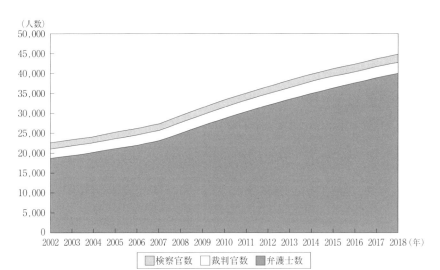

図3.4　法曹人口の推移（2002年〜2018年）

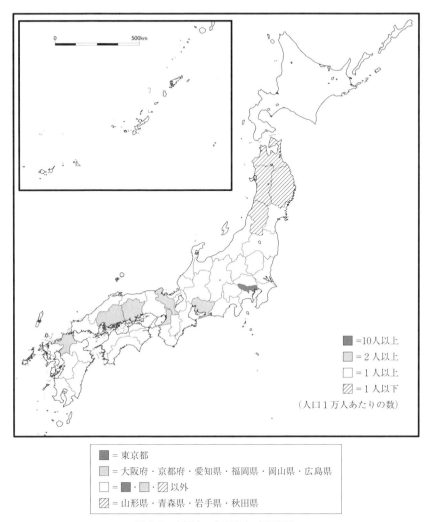

■ =10人以上
■ = 2 人以上
□ = 1 人以上
▨ = 1 人以下
（人口 1 万人あたりの数）

■ = 東京都
■ = 大阪府・京都府・愛知県・福岡県・岡山県・広島県
□ = ■・■・▨ 以外
▨ = 山形県・青森県・岩手県・秋田県

図 3.5 弁護士の全国分布（2019年）

　さらに，弁護士がいるにしても，県庁所在地に集中しているため，居住する場所により司法へのアクセスが限られている可能性も指摘されている。

　つまり，日本人にとって法や裁判が遠い存在として感じられる要因には，司法へのアクセス面・手続き面での問題があるためであり，そのため西洋諸外国

と比較すると訴訟件数は低いという結果が表れると見るのである。

③予測可能性説

　日本人の訴訟回避の傾向を司法へのアクセスという制度面から考察した制度
要因説に対し、さらに「法と経済学」の観点から新たな学説が示された。日本で
は訴訟件数が多くなく、裁判外の紛争解決方法が用いられるのは、日本では判
決の予測可能性が高いこと、そのため時間と労力の面でコストのかかる裁判と
示談や和解といった裁判外の紛争解決とを比較した際には、より低いコストで
同様な内容で解決を行う後者の合理的な方法を選択するため訴訟が提起されに
くい、という学説が説かれたのである。こうした考えを、**予測可能性説**と称する。
代表的な論者の著作としては、マーク・ラムザイヤー（John Mark Ramseyer,
1954年～）の『法と経済学　日本法の経済分析』（1990年出版）が挙げられる。

　ラムザイヤー氏は、アメリカと日本との司法制度を比較し、①アメリカでは
法律の素人が紛争解決に携わる陪審制が採られているため、紛争の当事者が裁
判の結果を想定しにくいが、日本では法のプロフェッショナルの裁判官が紛争
の解決にあたるので、判決の結果を想定することが可能であること、②アメリ
カでは訴訟が開始されると判決の確定まで短い期間で進むため、裁判官と相談
する機会が限られているのに対し、日本では訴訟は長期間に亘り、その期間に
裁判官と断続的にミーティングを行うため、判決内容を事前に予測することが
多くの場合では可能であること、③日本では判決を統一させるために不法行為
の紛争における損害賠償金の算定方法や過失相殺率の基準が公表されており、
紛争の当事者でもある程度の基準を算定できること、④アメリカの法制度は連
邦法と各50州の法があり、事案によっては複雑な問題が生じ得るが、日本では
単一の法制度によるものであること、の諸点を挙げ、日本では判決の予測可能
性が高いことを見る。

　同氏は、交通事故の損害賠償事件を例に検証を進めた結果、①交通事故死亡
者数に対する保険金支払い件数の割合が高いこと、つまり交通事故の被害者の
相続人は多くは保険会社に自己の権利を主張し保険金の支払いを請求すること、

②裁判所が認定した平均損害額と保険会社が支払った平均保険額とを比較し両者での差が低いこと，つまり裁判に訴えたならば判決で下されるであろう損害額に沿う形で裁判外でもほぼ同額の金額が支払われていること，という結論を導き出した。そして，そのためコストのかかる裁判よりも，より低コストに抑えられる裁判外の紛争解決方法が好まれるという予測可能性説を提唱した。その上で，日本において訴訟率が諸外国と比べて高くないのは，日本の法制度が破綻している訳ではなく，裁判外の紛争解決を通じて上手く運用され，実効的なものとなっていることを結論付けた。

## ② 契約書をめぐる文化の違い

　このように，性格論から見てゆく文化要因説のみではなく，司法へのアクセス度から検討する制度要因説やコスト面から考察する予測可能性説のように，日本人の法意識論をめぐる学説は様々な角度から展開されてきている。現在は，このような学説で主張されてきた文化的側面・制度的要素・合理的な選択といった諸要素を加味しつつ，折衷的な立場を取る考えも指摘されている。

　ここで，先行研究にて示されている日本・アメリカ・中国で行われた意識調査（実施時期は，日本が2000年，アメリカが2001年，中国が1995年）に基づいた分析を紹介してみたい。法意識国際比較研究会によって各国で実施された意識調査では，法に対するイメージや，紛争解決の手段として取り得る行動についての調査が行われているのだが，その中で紛争解決手段として裁判を利用することに対する質問項目がある。具体的には，友人間での金銭の賃貸借をめぐるトラブルが発生した場合を想定し，そうした場合に裁判所へ提訴することにつき，肯定的に捉えるのか，それとも否定的に考えるのか，という視点で以って各国での回答結果を比較してみると，興味深い結果が見えてくる。

　友人間の金銭賃貸借をめぐるトラブルにつき裁判所に訴えることに対して，「望ましい」・「どちらかと言えば望ましい」と回答した者の割合の和と，「望ましくない」・「どちらかと言えば望ましくない」と回答した者の割合の和との比

較で各国の傾向を見ると，日本は23.9％対32.8％，アメリカは37.7％対49.8％，中国は49.5％対40.5％となっている。「訴訟好き」というイメージで語られることもあるアメリカ人であるが，日本人や中国人以上に友人を裁判で訴えることを望ましいものとは考えていない実情が見える。こうした意識調査やその結果に基づく見解を見る限り，諸外国との比較を通じて見られる「訴訟を嫌う日本人」というのはステレオタイプであり，イメージが先行しているという側面があるように思われる。

　他方で，契約書を作成するのに積極的な文化と，契約書を作成するのに消極的な文化という対比で以って，西洋と日本の法文化が垣間見えるのは興味深い視点である。ここでは，未だに日本においては，訴訟が嫌われる傾向にあるというイメージで以って語られやすい土壌はどのように形成されているのか，という観点から，文化的側面を探る指標を示すために，文学と映像の視点を加味しながら法の多面的世界を少し掘り下げてみる。


①文学と法
　西洋の文学作品を改めて読み返すと，その中に契約を交わすシーンが描かれているものがあることに気付かされる。
　例えば，旅をめぐる契約という観点からは，ハーマン・メルヴィル（Herman Melville, 1819年～1891年）の『白鯨』（*Moby-Dick: or, The Whale*, 1851年出版）には乗船契約を交わしている様子が描かれており，同時代に船員が乗船の際に結ぶ契約として，配当と呼ばれる利益の配分額をめぐる議論や署名の一端を窺い知ることが出来る。
　さらに，J.R.R.トールキン（John Ronald Reuel Tolkien, 1892年～1973年）が発表した『ホビットの冒険』（*The Hobbit, or There and Back Again*, 1937年出版）では，ファンタジー小説にもかかわらず，主人公が旅に出る際に，旅の間に得た利益の取り分，旅の費用，葬式が行われる場合の費用負担とその例外規定を記した取り決めが交わされているのが印象的である。
　対照的に日本の昔話『桃太郎』では，イヌ・サル・キジは桃太郎が持ってい

たキビ団子と交換に家来になり，鬼退治に旅に出るストーリーとなっているの
は誰しも知っているところであるが，そこで契約書を交わすシーンというのは
あまり聞かないし，絵本にそうした模様が描かれていることは殆ど無い。まさ
に，こうしたところに西洋と日本の契約観の相違が見て取れる。

　しばしば，文学作品の中で交わされる契約の法的有効性につき議論の対象と
もなってきたのが，ウィリアム・シェイクスピア（William Shakespeare, 1564年
～1616年）による『ヴェニスの商人』（The Merchant of Venice, 1596年頃）である。
古典的作品ではあるものの，契約を切り口にした視点では，現代においても重
要な論点を含んでいるといえる名著である。

　同作品では，金銭貸借をめぐり期限までに返金出来ない場合は，相手方が心
臓に一番近いところの肉1ポンドを切り取ることを認める，という趣旨の契約
を交わした当事者たちであったが，この契約をめぐる裁判が実施される（第4
幕第1場）。結局のところ，当該契約の文言にあるように人肉を1ポンド切り取
ることは有効と判断されたが，肉を切り出す際に流れるであろう血のことは契
約書に盛り込まれておらず，よって血を流さずに人肉を1ポンド切り取ること，
という判決を受けることとなった。

　この判決につき，今日の法観念に照らすと**公序良俗**に反する（日本では，民
法90条⇒第4章[1]）という立場から否定的に解する考えや，契約は必ず厳守し
なければならないという当時の時代背景を反映するものとして一定の評価を与
える考えが，法学者から指摘されている。何れにせよ，同作品で描かれている
裁判は人肉裁判という表現も用いられて紹介される場合もあるが，物語の伏線
になっているのが当事者間で交わされた契約であり，裁判を通じて締結された
契約の法的有効性や文言をめぐる解釈のあり方が明らかになってゆく模様は興
味深い視座を読者に与える。


②映像と法
　契約書を交わすシーンは，西洋のディズニー映画の中でも印象的なシーンと
して盛り込まれているものがある。『ピーター・パン』（Peter Pan, 1953年米国公

開）での海賊のフック船長が子供たちを捕らえた後の出来事では，フック船長が子供たちに，1つは契約書にサインして自分の子分になるというもの，もう1つは子分になるのを嫌がるならば甲板から海に落ちる（つまり死を選ぶ）というもの，との選択肢を示している。ここで注目されるのが，ピーター・パンの世界では，子分になるのにわざわざ契約書を交わすことが求められている，という点である。

　さらに，契約書の重要性を示しているディズニー映画を2つほど紹介しよう。1つが『リトル・マーメイド』（*The Little Mermaid*, 1989年米国公開）である。映画の中に，人間になりたい人魚姫が，海の魔女と契約書を交わすシーンがある。契約書の中身には，人魚姫が自身の声と引き換えに3日間は人間として暮らすこと，3日目の日没までに王子とキスをすれば永遠に人間となること，そうでなければ人魚に戻り一生を海の魔女の下で暮らすこと，という趣旨の契約を締結している。

　実は，その後に重要なシーンがある。王子とのキスに失敗し，元の姿に戻った人魚姫を連れ去ろうとする海の魔女に対し，人魚姫の父である海の王が立ち向かい，契約を力づくで破ろうとするのであるが，契約書は王であっても破れないという印象的なカットがある。まさに，ディズニー映画の中にさえ，契約の内容には誰しもが拘束されるという原則が息づいていることが象徴的に描かれている。

　もう1つあるのが，『リロ・アンド・スティッチ』（*Lilo & Stitch*, 2002年米国公開）である。両親を事故で失い，姉と暮らしている主人公の少女（リロ）が，姉に連れられてペットとして犬を購入したが，実はこの犬の正体は遠い銀河系から飛来した遺伝子実験によって生み出されたエイリアン（スティッチ）であった，というのが物語の伏線となっている。

　元々，スティッチは遺伝子実験によって生まれた邪悪な生物であるとして，銀河連邦議長なる立場の宇宙人によりスティッチに対して終身追放刑の処分が下されたものの，途中でスティッチが脱走し，地球のハワイに逃亡したところから物語は始まる。少女とエイリアンの心温まる交流エピソードが優しいタッ

チで描かれている映画だが，ここでは契約をめぐる印象的なシーンに焦点をあててみたい。

　そもそもリロとスティッチとの出会いは，トラックに轢かれたスティッチが動物保護施設に保護されていたところ，ペットを購入するために施設を訪れたリロが2ドルの登録料を支払ってスティッチを買ったことに始まる。後に議会の決定に従い銀河連邦議長がスティッチを地球から連れ去ろうとすると，リロがスティッチ購入時の売買契約書を提示し，スティッチは自分の所有物であることを主張し，それが受け入れられるシーンがある。まさに少女が契約には法的拘束力があることを知った上での行動であり，それには誰もが従わなければならないことが示されているカットとして見ることが出来よう。

　他にも，『アラジン』（Aladdin）のオリジナル版のディズニー映画が1992年に，リメイクの実写版が2019年に公開されたが，実写版では主人公のアラジンがランプの魔人ジーニーに願いを叶えてもらう内の1つに契約書が登場しているシーンがある。実写版では契約書が登場することにより，願いを叶えてもらう契約の有効性がオリジナル版に比べると，大きく変化しているのは興味深い現象である。

● コラム⑤ ●　　　　　　　　　映像の世界からみる法

　ディズニー映画の中に，西洋での契約観が息づいていることを見てきたが，アニメの世界を離れた映像の世界にも，そうした視点が見えてくる。法廷や裁判をテーマにしたリーガルドラマ（例えば，『ロー＆オーダー』（Law & Order, 1990年～2010年米国放送），『SUITS／スーツ』（Suits, 2011年～2019年米国放送）など）では，実際の判例に基づいたタイムリーな訴訟案件が登場する。近年放送されているドラマを取り上げると，『殺人を無罪にする方法』（How to Get Away with Murder, 2014年～2020年米国放送）では，ロースクールの学生の視点も交えてアメリカの刑事裁判の仕組みが描かれている（因みに，同ドラマの第1シーズンでは Justitia 像（⇒第2章①①）のシーンが頻繁に登場する）。こうした硬派のドラマ以外のコメディドラマでも，アメリ

カの法の世界観や契約をめぐる問題を垣間見ることが出来る。

　ニューヨークを舞台に，6人の男女関係をめぐる模様を描いたコメディ
ドラマの『フレンズ』（*Friends*, 1994年〜2004年米国放送）のエピソードを見
ると，ニューヨーク州では口約束も契約としての拘束力がある旨を宣言す
るシーン（第6シーズン第3話）が盛り込まれていたり，婚姻の無効宣告を
申請する書類に面白半分に虚偽の文言を書いた際には，判事より申請が認
められなかったシーン（第6シーズン第5話）も登場する。

　世間の人から見ると一風変わり者に見られるものの，天才的な頭脳を
持っている若手科学者たちをめぐる日常を描いた『ビッグバン★セオリー
／ギークなボクらの恋愛法則』（*The Big Bang Theory*, 2007年〜2018年米国放
送）では，さらに契約書をめぐる笑いがストーリーの随所に散りばめられ
ている。登場人物の内，ルームシェアをしている2者同士の間で，同居人
協定（Roommate Agreement）という（かなり分厚い）契約書が取り交わされ
ている。こちらのドラマでは，主人公がややエキセントリックに描かれて
おり，デフォルメされている部分はある（協定の中には，「一方がゾンビに
なった場合でも他方はゾンビになった者を殺してはいけない」，というような荒唐
無稽な条項も存在する）が，裏を返すと何でもかんでも契約を交わす，とい
うアメリカ人像が浮かび上がるとも取れる。

　実は，日本の法体系とアメリカにおける法体系は大きく異なるのだが
（⇒第5章②），法学の世界を知るためにはこうした海外の文化面との対比
という多角的な視点や切り口も重要である。こうした娯楽を通して，気軽
に法律の世界を楽しんでゆくと良いだろう。

　以上のように，西洋社会では文芸作品やアニメといった娯楽の世界にまで，
契約を交わすシーン，さらには契約書の重要性を強調する文化が落とし込まれ
ているといえよう。対する日本ではそうした文化に馴染んでいるのだろうか。

　日常生活での何気ない会話や娯楽作品に見る日本人の法意識や契約観念を改
めて少し考えてみると，新たな法と文化の構図が見えてくるかも知れない。

* コラム⑥ *　　　　　　　　　続・法学部生の日常会話？

　さて，本章の内容を踏まえた上で，本章冒頭の「コラム④」については，どのように考察するべきだろうか。改めて，考えてみよう。因みに，日本の現行民法においては，契約の締結及び内容の自由として，次のような規定が置かれている。

> 民法521条１項
> 何人も，法令の特別の定めがある場合を除き，契約をするかどうかを自由に決定することができる。
> 同条２項
> 契約の当事者は，法令の制限内において，契約の内容を自由に決定することができる。

　つまり，何人も契約を締結するかどうかを誰からも干渉されることなく自由に決定できるのであり，契約を締結してもしなくとも構わないのである。なので，両者が合意しさえすれば，六法の賃貸借契約を交わすことも可能である。

　では，契約を交わすことに合意したとして，次に問題となるのがその契約の中身である。どのような文言を契約書内に盛り込むのが良いのだろうか。こちらも当事者間で自由に契約の内容を決定できるので，両者の話し合いにより合意する必要があるが，今回のケースで予め決定しておく事項としては，①返却期限の期日，②又貸しの禁止，③六法を汚損した場合の取り決め，などが考えられるのではないだろうか。こうした点を反映させた契約書を作成することになりそうである。

　普段の生活で，六法の貸し借りをめぐる契約書を作成することはほぼ無いだろうが，折角の機会に契約書を締結する際のカタチを検討するのも良いだろう。

<table>
<tr><td>第4章</td><td>法と道徳</td></tr>
</table>

　「社会あるところに法あり」という法格言が広く知られている。これは，社会でその構成員が秩序だった生活を営むためには，何らかのルールが必要であり（このようなルールを**社会規範**と称する），そのために法があるということを意味する。

　こうした社会規範には，法以外にも宗教や道徳がある。古代社会では，モーセの十戒やインドのマヌ法典，さらには聖徳太子による十七条の憲法に代表されるように，法・道徳・宗教が融合しながら社会体制が維持されていた。それが近代期になると，次第に法により道徳や宗教的価値観を強制することなく，個人の自由を尊重することが意識されるようになり，法とその他の社会規範との区分が図られるようになったのである。

　本章では法と道徳との峻別に関する学説を紹介し，現代法や判例の中に見られる法と道徳の関係性について考察してゆく。

## ① 法と道徳の関連性

　法と道徳との関連につき検討する前に，まずは具体的な条文から見てみよう。

> **民法1条2項**
> 権利の行使及び義務の履行は，信義に従い誠実に行わなければならない。

> **民法90条**
> 公の秩序又は善良の風俗に反する法律行為は，無効とする。

　前者は**信義誠実の原則**（信義則），後者は**公序良俗**と称される条項であるが，

何れも民法の基本原理を構成する理念である。これらは，他者の信頼を裏切ることがないように権利の行使や義務の履行は信義誠実に行わなければならないこと，また国家秩序や社会道徳に違反するような法律行為が行われることがないように公の秩序・善良の風俗に則ることが求められる規定となっているが，では何を以って「信義」・「誠実」や「公序良俗」といった価値観を判断するのだろうか。実際のところでは，こうした価値観を測る際には，社会における道徳的観念に照らして判断がなされており，法と道徳とが密接に絡んでいることが窺い知れる。

　こうした法と道徳にはどのような関係性があり，またどのような差異が見出せるのだろうか。法と道徳の峻別をめぐっては，多くの法学者により様々な見解が発表されてきた。しかし，法と道徳を区別をする基準を見出すこと，或いは相違点を明らかにすることは難問である。こうした状況を表す際に，航海の難所として知られる南米のホーン岬を引き合いに，「法哲学のホーン岬」という表現も存在するほどである。ここでは，法と道徳の区分についての代表的な考え方に即して概説する。

① 法の外面性と道徳の内面性

　法と道徳の相違点を見る際に，法の外面性と道徳の内面性に着目し，人間の外面的な行為を規律するのが法，個人の内面的な良心を規律するのが道徳，と位置付ける考え方である。つまり，外面的な平和を実現するために他者との関係を規定するものとして法があり，内面的な平和を達成するために自身の良心に関わる道徳がある，という峻別方法を用いるのである。例えば，人を殺そうと思うことは道徳的に反するが，内面的に殺害の意思を持つだけでは法的に犯罪になるわけではない。外面的な行為として殺害行為に及んだことによって刑法上の殺人罪に問われる，という構図が，法の外面性と道徳の内面性に着目した際の相違ということになる。ローマ法での「何人もその思考に関して罰せられない」という法文の精神も，そうした外面性と内面性の違いを浮き彫りにしているものといえよう。

法の外面性と道徳の内面性による区分を説いた人物として，ドイツの Ch. トマジウス（Christian Thomasius, 1655年〜1728年）が知られているが，より法と道徳の厳密な区分を模索したのはドイツのイマヌエル・カント（Immanuel Kant, 1724年〜1804年）である。カントの理論によると，ある行為と法則とが単に外面的に合致してさえいれば，その動機が何であろうともその行為は合法的となるが，道徳の場合は行為と法則の合致のみならず，内面的な要素としてその行為の動機付けが純粋な義務感に基づいていることが重視されるのである。

　さらに，ドイツのグスタフ・ラートブルフ（Gustav Radbruch, 1878年〜1949年）は，法と道徳の関連性を認めつつも，法と道徳を区分するポイントとして関心の方向及び目的主体の違いを挙げ，より詳細な考察を行った。ラートブルフは関心の方向性として，法は人の外部的行態に関心を有するもので，道徳は人の内部的意思に関心を有するものであること，さらに目的主体の観点から，法は他人との共同生活を送る中で価値が認められる行動が善と見做されるものであり，道徳は自己の良心に対して向けられる善そのものを実現すること，という点を指摘した。

　但し，外面性と内面性という点から法と道徳を区分する考えは理解しやすいが，人間の行為には外面的なものと内面的なものが入り混じっており，両者をいつでも完全に区分できないことには注意を要する。実際，現行法上も外面的行為のみならず，内面の意思を考慮している法文も置かれている。

刑法38条1項
　罪を犯す意思がない行為は，罰しない。ただし，法律に特別の規定がある場合は，この限りでない。

刑法上では故意と過失とで異なった扱いをする根拠となる法文であるが，まさに人の行為には「罪を犯す意思」，つまり**故意**が求められている。こうした故意犯を刑法では原則として処罰対象とし，罪を犯す意思がないものや，行為者の不注意による過失は，処罰規定があるもののみを処罰対象としている。このような観点に鑑みると，内面的な意思が法的な評価の要素の一つとなってい

ることから，外面性と内面性のみで法と道徳を区分することは充分ではないという指摘がある。

②強制規範としての法と非強制規範としての道徳

　法の強制性と道徳の非強制性という観点から両者の区分を検討する考えも示されている。国家が治安の秩序を維持するために，警察や司法機関などが強制力を働かせることがある。仮に，殺人事件が発生した場合，国家が犯罪を捜査し，被疑者を逮捕・起訴し，刑を執行するが（刑法199条），これは刑事的制裁である。或いは，不法行為によって損害が生じた場合には賠償が命ぜられることもあるが（民法709条），これは民事的制裁に該当する。さらに，行政が違法建築物に対して工事停止・使用禁止・除却などの命令を出すことがあったり（建築基準法9条），飲酒運転や交通違反に対して免許の取消し・停止を行うことがあるが（道路交通法103条），これらは行政的制裁と位置付けられる。こうした個人に対して物理的に強制させる効力や制裁という性質を有しているものが法であると見るのである。

　法の持つ強制力という視点から考察した者として，イギリスのジェレミー・ベンサム（Jeremy Bentham, 1748年〜1832年）や，ジョン・オースティン（John Austin, 1790年〜1859年）などが知られている。イェーリング（⇒第2章②①）は，「法的強制なき法規は，自己矛盾であり，燃えざる火，輝かざる光である」と述べ，法の強制的規範を強調している点も，注目に値しよう。また，オーストリア出身のハンス・ケルゼン（Hans Kelsen, 1881年〜1973年）は，法は強制秩序であり，必要とあらば物理力が行使されるのに対し，道徳は強制という性質を持たない実定秩序であり，物理力行使には関わらない，と両者の峻別を明らかにしている。

　他方で，強制力の有無という観点で法と道徳を明確に区分することが困難な場合もある。というのも，全ての法が強制力を有しているわけではないためである。確かに，刑法典内に規定が置かれている犯罪行為に違反した場合には，原則として罰則が強制される。しかし，他の法分野に目を向けてみると，憲法

で規定されている内閣や国会の組織といった**組織規範**（⇒第5章①③）については，違反に伴う制裁が定められていないし，民法でも強制力を伴うものとしては馴染まないものもある。例えば，現行民法では，夫婦間での同居，協力及び扶助の義務として，次のように定められている。

---

民法752条
夫婦は同居し，互いに協力し扶助しなければならない。

---

　仮に，夫婦の一方が同居することを拒否している時に，他方が同居を強制することは出来るのだろうか。この点につき，現行法と同様に夫婦の同居義務を規定していた戦前期には，民事上強制履行を求めることは出来ないとの判決が下されている（大決昭和5年9月30日民集9巻926頁）。法であっても，強制力が働かないものもあることが見て取れる。

　また，道徳を強制力の伴わない規範と見るとしても，現実の世界では法には違反せずとも社会道徳に違反する行為があった際には，世間が一斉に道義的責任を追及や非難し，場合によっては社会的制裁を受けることもあり得る。仮に，ある男性が既に婚姻関係を結んでいる妻以外に，正式な婚姻儀式や手続きを経ずに別の女性を妾として関係を有していた場合を考えてみよう。

　妾については，近代以前の日本では法的にも社会的にも容認されていたが，近代法の導入に伴い一夫一婦制が法文で明文規定として設けられ，現行法にも規定がある（民法732条）。しかし，男性が妻以外に妾を有する行為自体は，現行法では罰せられない。原則として妾は正式な婚姻儀式や手続きを経ていないので重婚関係にはならず，また妾との同意の下での扶養関係や性行為の関係があるので，刑法上の犯罪行為とはならないためである。せいぜい，妻が夫に対し妾と関係を持っていることを理由に離婚を請求する際の事由となる位である。では，実際に男性が配偶者以外に別の女性と関係を持つことに対する世間の見方はどうであろうか。一夫一婦制が採られている建前上，いくら法的には問題がなくとも，妾を有している男性に対して厳しい視線が注がれるだろうし，社会的非難が寄せられることも想像に難くない。

　このように，強制力の有無という視点のみでは，法と道徳を明確に区分出来ない部分も出てくる。

③「法は道徳の最小限度」と「危害原理」

　「法は道徳の最小限度」とは，ドイツのゲオルク・イェリネック（Georg Jellinek, 1851年～1911年）が提唱したもので，法と道徳に共通した領域があることに着目する考え方である。人を殺害する行為や人のものを盗む行為は，社会道徳に反する行為であると同時に，刑法上でも殺人罪や窃盗罪として処罰を受けることとなる。約束を破る行為は社会道徳に反すると共に，民事法の領域では契約違反について損害賠償責任を負うこととなる。この意味では，法と道徳には重なり合う部分がある。

　その反面，社会一般に道徳的非難を受ける行為は多数あるが，これらをすべて法的に罰しているわけではない。これは，客観的には社会の存立のためには道徳の法的規制は必要最小限度に止められるべきものであり，主観的には社会構成員には倫理的な心情の必要最小限度で満足するべきである，ということを示す考えとして，**法は道徳の最小限度**が説かれたのである。

　しかし，この考えに即して法と道徳を区分するとなると，やはりその両者を区分するための基準が必要となる。つまり，社会道徳的に非難される行為の中から，法的に罰するものを抽出するにあたり，どの行為を罰するのだろうか，という疑問が生ずることになる。この問いに対し，イギリスの J. S. ミル（John Stuart Mill, 1806年～1873年）は，**危害原理**の概念を示した。これは，他者に対して危害を及ぼす行為については法の強制的な介入を認めるのに対し，自身に関するものは個人道徳の範囲にあることから自由な行動が許され，国家の介入や干渉は認められない，という自由主義的考えに基づく理論である。

　但し，ミルの「危害原理」において，他者に対して危害を及ぼす行為と自身に関するものとをどのように峻別するのかは，難題なものもある。例えば，刑法で規定されている賭博罪や麻薬の使用を禁ずる規定は，道徳犯罪や「被害者なき犯罪」にカテゴライズされることがあるが，こういった犯罪はそれ自体は

他者に危害を及ぼしておらず，一見すると被害者がいないように見える。こうした他者に危害を及ぼしていないように見えるものを法的に処罰することの是非をめぐり，激しい議論も巻き起こしている。社会における不道徳な行為を放置しておくと，社会が崩壊することになり得るとの立場から，社会の崩壊につながりかねない害悪を与えるような不道徳行為に対し積極的に法的規制を加えることを認める考えを，リーガル・モラリズム（legal moralism）という。リーガル・モラリズムの見解に立つと，「被害者なき犯罪」であっても社会的不道徳に該当するものは，法的に取り締まることが可能ということになる。

• Case Study① •　　　　　　　　　　　チャタレイ事件

　こうした問題に関連して議論を巻き起こした判決としては，チャタレイ事件がある。D. H. ロレンス（David Herbert Richards Lawrence, 1885年〜1930年）による『チャタレイ夫人の恋人』（*Lady Chatterley's Lover*, 1928年出版）が，日本語に翻訳され出版された際に，同書内で描かれている性描写が具体的であるとして，翻訳者と出版社がわいせつ物頒布等の罪（刑法175条）に問われた。

　最高裁判所では，「猥褻文書は性欲を興奮，刺戟し，人間をしてその動物的存在の面を明瞭に意識させるから，羞恥の感情をいだかしめる。そしてそれは人間の性に関する良心を麻痺させ，理性による制限を度外視し，奔放，無制限に振舞い，性道徳，性秩序を無視することを誘発する危険を包蔵している。もちろん法はすべての道徳や善良の風俗を維持する任務を負わされているものではない。かような任務は教育や宗教の分野に属し，法は単に社会秩序の維持に関し重要な意義をもつ道徳すなわち「最少限度の道徳」だけを自己の中に取り入れ，それが実現を企図するのである。刑法各本条が犯罪として掲げているところのものは要するにかような最少限度の道徳に違反した行為だと認められる種類のものである。性道徳に関しても法はその最少限度を維持することを任務とする。そして刑法175条が猥褻文書の頒布販売を犯罪として禁止しているのも，かような趣旨に出て

いるのである」と述べ，刑法175条は最小限度の性道徳を維持するための制限であり，合憲である，との判断が示された（最大判昭和32年3月13日刑集11巻3号997頁）。

　社会の不道徳行為を法的に規制するリーガル・モラリズムの考え方は，社会の存立のために必要であるとの立場もあり得るが，同時に危うさをも内包していることは認識しておくべきである。何を以って社会の崩壊につながりかねない行為を不道徳とするのかは，それぞれの社会や歴史背景によって大きく異なるためである。この観点からしばしば取り上げられるのが，同性愛に関する法的規制をめぐる歴史的変動である。

　イギリスでは，長らく同性愛を道徳犯罪とし，公私の場を問わず成人男性同士が性的関係を持つ行為を刑事罰の対象としていたところ，1957年にイギリス下院に提出された『ウォルフェンデン報告』（*The Wolfenden Report*）では，同性愛行為は他者を不快にすることがない限りは個々人の自己決定に委ねられるべきであり，私的な場での同性愛行為は刑罰で取り締まるべきではない，との見解が述べられた。

　この報告書につき批判を加えたのが，イギリスの裁判官であったパトリック・デブリン（Patrick Devlin, 1905年～1992年）であった。デブリンは，リーガル・モラリズムの立場に基づき，社会には社会構成員の生活やふるまい方についての社会全体による集合的な道徳判断として「公共道徳」が存在すること，そして社会の崩壊を未然に防ぐためには道徳を法により強制できることを主張したのである。

　デブリンの主張に対し批判を加えたのが，イギリス生まれの H. L. A. ハート（Herbert Lionel Adolphus Hart, 1907年～1992年）である。ハートは，特定の道徳を強制することは多数者の道徳観念を少数者に押し付けることとなり，多数者専制になりかねないことを指摘し，デブリンの見解に反論した。両者の間で論争が繰り広げられたが，イギリスでは1967年に私的な場での同性愛行為は合法化されることとなった。

その後の同性愛をめぐる世界の立法動向を見てゆくと，大きな変化が見られるようになった。2000年にオランダで立法化されたことを契機として，ヨーロッパを中心に同性婚が法的に認められるようになった。また日本でも，2015年に東京都渋谷区と世田谷区で同性パートナーシップ証明制度が導入され，全国の各自治体で整備や取り組みが進められている。

このような社会一般の道徳・不道徳を峻別する際には，時代の変化に伴い道徳をめぐる価値観が変化し得ること，さらに国家が過度に特定の道徳観を法的規制を伴う形で押し付ける危険性もあり得ることは，慎重に考えておく必要があるだろう。

④法的パターナリズム

ミルが提示した「危害原理」の理解によると，自身に関するものは国家が介入してはならないこととなるが，これは本人が自身に関する利益を理解した上で自己の自由意思で選択・決定が認められることが前提となっている。

そもそも，個人が公権力の干渉や介入を受けることなく一定の私的事項を決定できる権利としての**自己決定権**は，憲法13条を根拠として保障されていると考えられている。

> 憲法13条
> すべて国民は，個人として尊重される。生命，自由及び幸福追求に対する国民の権利については，公共の福祉に反しない限り，立法その他の国政の上で，最大の尊重を必要とする。

では本人が自身の利益を理解できない場合はどうであろうか。こうした場面にあっても本人の自己決定権を認めてゆくと，本人の身に危険が及ぶこともあり得る。そのため，自身の利益につき当事者が理解できない場合に限り，国家が個人に干渉することを認める立場があり，その必要性を正当化して考えることを，**法的パターナリズム**という。

パターナリズム（paternalism）とは，父権的温情主義と訳されることがある

が，親が子どもの保護のために干渉する関係になぞらえて，国家が本人の利益を保護するために個人に干渉することを正当なものとして認めるという発想である。例えば，シートベルト着用義務規定（道路交通法71条の3）や，麻薬の所持を禁止する規定（麻薬及び向精神薬取締法12条）は，まさに本人を保護するという名目のために，個人の自由行動に制約を加えているものの典型例としてしばしば挙げられるものである。

　但し，国家が国民を保護するために個人に干渉する思想としての法的パターナリズムは，個人の自由意思に制約が加えられる状態となり得る点は充分留意すべきであろう。法的パターナリズムに関連して注目される事例では，岐阜県青少年保護育成条例にて定められた有害図書の自動販売機への収納禁止規定をめぐる合憲性が争われたものがある。最高裁判所では「有害図書の自動販売機への収納の禁止は，青少年に対する関係において，憲法21条1項に違反しないことはもとより，成人に対する関係においても，有害図書の流通を幾分制約することにはなるものの，青少年の健全な育成を阻害する有害環境を浄化するための規制に伴う必要やむをえない制約であるから，憲法21条1項に違反するものではない」と述べ，青少年の健全な育成を保護する目的から，自動販売機での有害図書の販売を条例で規制することは合憲との判断を下した（最判平成元年9月19日刑集43巻8号785頁）。

　こうした，わいせつな表現が含まれている有害図書の販売を規制することは，国家が青少年を保護するという観点からは正当化できる側面はあるが，他方で個人の自己決定権や表現の自由（憲法21条1項）との兼ね合いを検討する必要もあり，この線引きは非常に難しい。

　現代社会では，有害図書の販売規制以外にも，様々な局面で国家が法的制約を設けている。法的パターナリズムに基づく国家の個人への介入は正当なものとして認めるという立場にあっても，個人の意思決定や自由判断を最大限尊重する必要性はいうまでも無いだろう。

## 「悪法も法」なのか？──抵抗権をめぐる規定

法と道徳をめぐる問題としてしばしば提起されるテーマに，「悪法も法」なのか，という議題がある。有名なものとして，ハートとアメリカの L. L. フラー（Lon Luvois Fuller, 1902年～1978年）との間の論争がある。

論争の背景にあったのが，ナチス・ドイツの時期に作られた法律をめぐる裁判例の評価である。ナチス体制の下で立法された戦時特別法には，ナチスを誹謗した者を死刑とする規定が含まれていた。この規定に基づき，妻からの告発と証言によりナチスを誹謗した夫に死刑判決が言い渡されたところ，戦後の西ドイツにおいてこの妻の行為がドイツ刑法に抵触するとして起訴された。妻側は，ナチス時代の法律に照らして夫を告発したことは違法ではないと主張したが，裁判所はナチス時代の法律は悪法のため効力を持たず，妻を有罪とした。

当該判決に対して，ハートはたとえ悪法であったとしても法である以上は，ナチス時代の法律の効力も認められるべきであると批判した。つまり，法に如何に不道徳な内容が含まれていようとも，「悪法も法」という立場ならば，適正な手続きを経て制定された法に拘束力が認められ，これに服従することが求められる。こうした人為的に定められた実定法のみを法とみる立場を**法実証主義**という。対するフラーは，法には道徳性が内在しているべきものであり，道徳性が欠けているナチス時代の法律は無効であると反論した。すなわち，定められた法の内面において道徳性が欠如しているものは悪法であり，効力を有しないとの立場を鮮明にしたのである。

実定法のみを法として認める法実証主義に立つならば，所定の手続きに則っている法である以上は「悪法も法」となる。しかし，人為的に定める実定法とは異なり，実定法を超越するものとして，時代や場所を越えた古今東西に普遍的に見られる人間の理性や自然の摂理に基づいた法則があり，こうしたものが実定法を根拠づけると考える**自然法論**の見解によれば，そもそも悪法は法ではなく，悪法に拘束される道徳的義務も存在しない，と

いうことになる。

そのため，自然法論の立場からは国民が悪法に対し抗う権利として，**抵抗権**の存立が認められる。抵抗権とは，国家権力が権力を濫用し，国民の生命や自由，財産といった尊厳を侵す不法な行為を行った際に，救済手段が他にない場合に，国民自らが自身の権利・自由を守るために立ち上がり，専制政府の状態となっている国家権力を変革する権利のことをいう。

諸外国では，1789年のフランス人権宣言に抵抗権が謳われたことが知られているし（図4.1を参照），ドイツの憲法典にあたるドイツ基本法でも1968年の改正で抵抗権の規定が盛り込まれるなど，明文で保障されている例がある。

日本では，かつて明治期に編まれた民権派が作成した憲法草案（**私擬憲法草案**）にて，具体的に条文のカタチとして抵抗権が盛り込まれたものが示されている。植木枝盛（1857年～1892年）による東洋大日本国国憲案（1881年（明治14年））では，次のような規定が置かれていた（図4.2を参照）。

図4.1 フランス人権宣言（1989年発行のフランス人権宣言200周年記念切手）

---

64条

日本人民ハ凡ソ無法ニ抵抗スルコトヲ得。

70条

政府国憲ニ違背スルトキハ，日本人民ハ之ニ従ハザルコトヲ得。

71条

政府官吏圧制ヲ為ストキハ，日本人民ハ之ヲ排斥スルヲ得。

政府威力ヲ以テ擅恣暴虐ヲ逞フスルトキハ，日本人民ハ兵器ヲ以テ之

ニ抗スルコトヲ得。

72条

政府恣ニ国憲ニ背キ，擅ニ人民ノ自由権利ヲ残害シ，建国ノ旨趣ヲ妨クルトキハ，日本国民ハ之ヲ覆滅シテ，新政府ヲ建設スルコトヲ得。

**図4.2　東洋大日本国国憲案**

日本の現行憲法では抵抗権についての明示的な規定はないが，憲法12条前段の「この憲法が国民に保障する自由及び権利は，国民の不断の努力によって，これを保持しなければならない」との規定が，抵抗権の理念を表しているものと解する考えが示されている。

何を以って「悪法」と見るのか，これは社会における道徳観念とも関わる難しい問いである。自然法論に基づく見地から導かれる「悪法」に抗うことが想定される抵抗権だが，一方で「悪法」と判断するための道徳基準が明確ではないという批判も成り立つためである。しばしば，新たな立法や法改正がなされた際に，その内容面で問題があることを指摘するために「悪法」或いは「改悪」という表現が使用されることもあるが，現代法と向き合う際には，「悪法も法」なのか，という視点から捉えなおすと深い考察が出来るかも知れない。

## ②　判例から見る法と道徳との交錯

法と道徳を峻別することは難しいが，現行法の条文に道徳的観念から判断がなされることが盛り込まれているものもあり，法と道徳が関連し合っている部

分や交錯している模様は，実際の裁判例でも多々見受けられる。ここでは，道徳的視点に基づき法的判断がなされた事例と，判例変更による法と道徳が分離していった事例を挙げながら，その模様を概説してゆく。

① 法と道徳の接点

　まずは，道徳的な視点が法的な判断を方向付けるものとなった判例を取り上げてみたい。尚，以下判決に記されている内容をベースに，具体的な事例をいくつか取り上げてゆくが，判決文を読むだけでは事実関係が分かりにくい場合があるので注意が必要である。というのも，判決文は小説のような物語として語られているわけではなく，事実と条文の適用が主に書かれているためである。そこで，判決を読む解く際に重要となるのが，登場人物は誰なのか，どういう点が争われたのか，を正確に把握することである。そうした際に有用なのが，事件の流れを図示してイメージすることである。本章でも，図で示しながら見てゆくこととする。また，事実関係を整理してゆく際に，原文では実名で記述されている箇所につき，法律の世界では実名を用いることはせず，登場人物を"A"・"B"・"C"や"X"・"Y"・"Z"（古い文献では"甲"・"乙"・"丙"）といった記号を用いるので，その原則に従い記述してゆく。

【宇奈月温泉事件】

　大正時代に富山県の宇奈月で温泉を経営していたYは，約7キロメートル離れている黒薙より木製の引湯管を使い，お湯を引いていた。しかし，この引湯管が途中で利用権を得ていないまま，Aが所有する土地の約100坪の内，2坪分ほど通過している状態にあった。尚，この引湯管が通過していた箇所は，土地利用が非常に難しい急傾斜地であった。

　この状態に目をつけたXは，Aが所有していた土地をその後安値で購入し，引湯管を所有するYに対し，①引湯管を除去する，若しくは，②引湯管が通過している2坪分の土地のみならず，Xが所有している周辺の土地の約3,000坪も合わせ当時の時価にして数十倍の2万円で買い取るように求めたのである。

Xの主張に対し，Yは，①引湯管の除去は高額になり，また長期に亘り温泉
の営業が停止となり生活が不自由となること，②Xが買い取りを求めている土
地は荒れ地であり，全く利用価値がない土地であること，などを理由に反論し
た（図4.3を参照）。

　そもそも，**所有権**とは法令の範囲内で物を自由に使用・収益・処分ができる
権利である。現行の民法では，所有権につき次のように定められている。

---

民法206条
所有者は，法令の制限内において，自由にその所有物の使用，収益及び処
　分をする権利を有する。

---

　また，現行憲法でも財産権が保障されている（憲法29条）。この所有権及び財
産権の保障に関する規定は，それぞれ当時の法文にも設けられていた（明治民
法206条，大日本帝国憲法27条）。この所有権とは，その物に対して直接支配でき
る権利であり，もし仮に所有権が妨害されている場合にはその妨害を排除する
権利が認められる。これを**物権的請求権**という。

　このケースでは，土地の所有権者としてXは正当に権利を行使し，引湯管が
通過していることの妨害を排除するように求めている。しかし，裁判所はXが
そもそも不当な利益を得る目的で土地を購入していることを見た上で，「如上
ノ行為ハ全体ニ於テ専ラ不当ナル利益ノ攫得ヲ目的トシ，所有権ヲ以テ其ノ具
ニ供スルニ帰スルモノナレハ，社会観念上所有権ノ目的ニ違背シ，其ノ機能ト
シテ許サルヘキ範囲ヲ超脱スルモノニシテ，権利ノ濫用ニ外ナラス」とし（大
判昭和10年10月5日民集14巻1965頁），Xの訴えを退けた。つまり，裁判所は道徳
的観点から救済されるべきは権利を濫用している所有権者のXではなく，温泉
経営者のYであるとの判断を示したのである。

　この宇奈月温泉事件は，法と道徳という視点から考察すると，奥深いテーマ
を投げかけている。つまり，個人主義を突き詰めてゆくと，所有権の絶対的な
権利はたとえ他人に害意や不利益を与えることがあったとしても，その行使は
合法的な扱いとなるはずである。その意味では，XがYに対して主張した妨害

図 4.3　宇奈月温泉事件の関係図

**黒薙温泉**

黒薙温泉は宇奈月温泉の源泉である。黒薙温泉は，1645年に近在の村民により発見されたとされ，1868年に加賀藩により開湯が許可された。

**引湯管（木管）**

宇奈月温泉の開湯時には，黒薙温泉からお湯を引くためにアカマツをくり抜いた引湯管（木管）が使用されていた。約3,500本の木管が使われたとされる。現在は，木管に代わり保温性の高い化学管材が用いられている。

**宇奈月温泉木管事件碑**

事件の跡地には，石碑が建立されている。

引湯管　黒薙

2坪

A所有の土地（100坪）
後にXがAから購入

X所有（3,000坪）

宇奈月

**宇奈月温泉**

大正時代に黒部川の電源開発が始まると共に，宇奈月に温泉地を開発する計画が立てられ，黒薙温泉からお湯が引かれ，1923年（大正12年）に宇奈月温泉が開湯した。

を排除するようにという物権的請求権の行使は認められることとなる。しかし，所有権のような絶対的な権利であっても，権利を行使するにあたり他人に損害を加えることを目的とする場合，換言すると衡平の観点から非難されるような場合には，この権利行使を認めないという**権利濫用の法理**が確立していったのである。

　この点において，古代ローマ法の世界における「他人を害しないかぎり，各人が自身に利益を与えることは禁じられない」という法格言の精神が，現代法の世界にも垣間見える。

　尚，宇奈月温泉事件やその後の判例や学説の展開を受け，戦後の民法改正により権利濫用の法理が次のように条文に規定されることとなった。

> **民法1条3項**
> 権利の濫用は，これを許さない。

【背信的悪意者排除論】
　また，不動産物権変動の対抗要件に関する判例を見てゆくと，そこには著しく道徳的に反する行為を行った者を排除する論理が確立していることが分かる。まずは，不動産の物権変動に関する一般原則を確認しておこう。

> **民法177条**
> 不動産に関する物権の得喪及び変更は，不動産登記法（平成十六年法律第百二十三号）その他の登記に関する法律の定めるところに従いその登記をしなければ，第三者に対抗することができない。

　この法文は，不動産が二重に譲渡された場合，つまり図4.4で見るように，最初はAからBに（①），次にAからCに（②），と二重に不動産が譲渡された場合，所有権の登記がAにある間はBとCとの関係は対抗関係にあることとなり（③），先に登記を備えた者がその不動産の所有者になるということを意味している（図4.5を参照）。まさに，早い者勝ちルール（⇒第1章①）が適用され

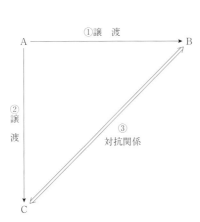

図 4.4　不動産の物権変動（二重譲渡）　　図 4.5　登記事項証明書の見本

ているものといえよう。

　ここで民法177条にいうところの「第三者」の文言をめぐる範囲につき，こ
れまで判例や学説での展開が見られている。まず，先にAからBに不動産が譲
渡されたものの未だBにより登記がなされていない時に，その事実を知ってい
るCがAから不動産の譲渡を受け，Bより先に登記を備えてしまった場合を考
えてみよう。判例は，こうした事実を知っている者（法令用語としては，事実を
知っていることを**悪意**といい，反対に事実を知らないことを**善意**という⇒本章豆知識
③），つまり悪意の第三者であるCを保護する立場を取っている。これは，民
法177条で「第三者」とのみ記されており，事実を知っているか否か，すなわ
ち善意か悪意かを区分していないこと，また自由競争の範囲内であれば，たと
え事実を知っている悪意者でも保護すべきという考えに基づく。

　では，本来的にはCにとって不要な土地であるにも拘わらず，Bが未だ登記
をしていないことを知り，Bを困らせようと考え，Aから安く不動産を購入し
てBよりも先に登記を備えたCが，Bに対し高額で売却しようとした場合はど
うなるだろうか。

先ほどと同様に悪意の第三者であるＣだが，さらに信義則に反するような悪質なケースである。判例では，「実体上物権変動があつた事実を知る者において右物権変動についての登記の欠缺を主張することが信義に反するものと認められる事情がある場合には，かかる背信的悪意者は，登記の欠缺を主張するについて正当な利益を有しない」との判断が示された（最判昭和43年８月２日民集22巻８号1571頁）。このように，事実を知っている悪意の第三者であっても，民法の基本理念である信義則（民法１条２項）や権利濫用の法理（同法１条３項），公序良俗（同法90条）に違背している者を背信的悪意者と称し，民法177条の「第三者」から排除されるという背信的悪意者排除論の立場が確立している。

　つまり，民法の基本理念や自由競争の範囲から逸脱するような，社会一般の観念から不道徳な行為に及んでいる者には，民法上の保護が与えられないこととなっていることが読み取れる。

• 豆知識③ •　　　　　　　　　　　　法令用語と日常用語

　法学を学ぶ上で登場する法令用語であるが，普段の生活で用いる日常用語とでは違うものがあるので，注意が必要である。いくつかのパターンがあるので，少し整理してみよう。


①意味が異なるケース
　法令で用いられる用語と日常用語で用いられる用語とで大きな意味の違いがあるものとしては，以下のものが挙げられる。

| 用語 | 法令上での意味 | 注意すべきポイント |
|---|---|---|
| 悪意 | ある事実を知っていること | 道徳的に悪い感情を持つ，好意を持つという意味は含まれず，単に事実を知っているのか，知らないのか，という点で用いられる。 |
| 善意 | ある事実を知らないこと | |
| 離縁 | 養子縁組の解消 | 日常用語では，「離縁」は広義の意味として夫婦の縁を切ることを含める場合があるが，法令用語では養子縁組の解消のみを意味する。 |
| 離婚 | 婚姻関係の解消 | |

表 4.1　法令用語と日常用語（意味が異なるケース）

②厳格に用語の使い分けがなされているケース

　日常用語ではあまり意識していなくとも，法令上は用語で厳密に使い分けがなされているものがある。具体例としては，以下の通りである。

| 用語 | 法令上での使われ方 | 注意すべきポイント |
|---|---|---|
| 科する | 刑罰や秩序違反に対する制裁をかける場合に用いる。 | 「科する」・「課する」は，どちらも「かする」と読むが，敢えて両者を区別するために，「科する」を「とがする」と読む場合もある。 |
| 課する | 租税やその他の金銭的負担を負わせる際に用いる。 | |
| 推定する | 事実関係が不明な場合に，法令が取扱いや事実関係を一応確定させておく。 | 「推定する」の場合は，仮に後に事実関係が推定と異なることが明らかになった場合は，その推定が覆ることがある。それに対し，「みなす」の場合は，後にその事実と異なることが立証されたとしても，その法的効果は覆ることはない。(⇒第7章⑥) |
| みなす | 本質的に異なっているものを，ある一定の条件の下で同一のものとして扱う。 | |

**表4.2　法令用語と日常用語（厳格に用語の使い分けがなされているケース）**

③読み方が異なるケース

　法令で用いられている用語の内，そもそも日常用語とは異なる読み方のものがある。以下は，その典型例である。

| 用語 | 法令用語としての読み方 | 用語が登場する法令・条文の例 |
|---|---|---|
| 遺言 | いごん | 民法960条〜1027条，遺言の方式の準拠法に関する法律 |
| 競売 | けいばい | 民法568条，商法582条，会社法234条 |
| 問屋 | といや | 商法551条〜558条，破産法63条 |

**表4.3　法令用語と日常用語（読み方が異なるケース）**

　最初は戸惑うかもしれないが，法令用語には独特な表現が使われていることを念頭におきつつ，法学の文献に接すると良いだろう。

② 　法と道徳の分離

　他方で，法により道徳を強制することに慎重な態度が示され，現代では法と道徳とが分離する事象も見受けられている。ここでは，離婚訴訟と尊属殺人被

告事件の2つのケースを挙げながら，判例変更の動向から法と道徳が分離していった模様を見てみよう。

【離婚訴訟】

　まずは，離婚訴訟である。民法770条1項では裁判上の離婚を提起する際の事由が掲げられているが，5号にて「その他婚姻を継続し難い重大な事由があるとき」と定められている。これは，夫婦仲が冷え切った状態で，婚姻関係を継続し難い事由があれば，離婚の請求が認められることを規定している。

　では，こうした夫婦の婚姻関係を継続し難い状況を作り出した責任がある者（有責者）からの離婚請求は認められるのだろうか。裁判所では，当初離婚の原因を作り出した有責配偶者からの離婚請求は認めていなかった。例えば，夫が妻以外の女性と関係を結び子どもを儲けたことに妻が逆上し，夫へ暴言を吐いたり，箒で叩いたり，庖丁を振り廻したり，頭から水をかけたり，靴を便所に投込んだりしたために，夫が妻に対して離婚を請求した事案では，有責配偶者たる夫の離婚請求を認めない判断を下した（最判昭和27年2月19日民集6巻2号110頁）。この判決では，夫側の請求が認められるならば，妻にとっては踏んだり蹴ったりとなる，という表現が用いられたことから，俗に「踏んだり蹴ったり」事件とも呼ばれている。

　この「踏んだり蹴ったり」事件で注目すべきは，その判決文にて「法はかくの如き不徳義勝手気儘を許すものではない。道徳を守り，不徳義を許さないことが法の最重要な職分である。総て法はこの趣旨において解釈されなければならない」と言及しており，自らが不倫という道徳上許されない行為に及んだ者に対して，厳しい態度で臨んでいる姿勢が垣間見える点である。まさに，道徳と法が結びついていたことを示しているものといえよう。

　しかし，有責配偶者からの離婚請求につき，これを認容する判例が登場した。夫側の不貞行為が原因で約40年の間別居状態にあった夫婦で，有責配偶者たる夫が妻に対し民法770条1項5号に基づき離婚を請求したケースでは，有責配偶者からなされた離婚請求であっても，①夫婦の別居が両当事者の年齢及び同

居期間との対比において相当の長期間に及び，②その間に未成熟子が存在しない場合には，③相手方配偶者が離婚により精神的・社会的・経済的に極めて過酷な状態におかれる，などの離婚請求を認容することが著しく社会正義に反するといえるような特段の事情の認められない限りは，有責配偶者からの離婚請求も認められる，という判例変更を行ったのである（最大判昭和62年9月2日民集41巻6号1423頁）。

　つまり，従来は夫婦間の離婚をめぐっては，道徳面を重視し自ら離婚の原因を作り出した有責配偶者からの離婚請求を認めない**有責主義**が採られていたところ，道徳的判断は一先ず置いておき，破綻した婚姻関係を維持することが夫婦にとり良いことか否かという点を判断の要素とする**破綻主義**へと転換したこととなっている。この動向は，法と道徳との分離と見ることが出来る。


【尊属殺人被告事件】
　2つ目の例として，尊属殺人被告事件がある。日本の刑法200条にはかつて，次のような条文が置かれていた。

> 刑法200条
> 自己又ハ配偶者ノ直系尊属ヲ殺シタル者ハ，死刑又ハ無期懲役ニ処ス。

　この尊属殺を規定している条文は1995年に削除されたが，その背景となった事件がある。実父から長年強姦され続けた女性が恋人と結婚しようとしたところ，逆上した父親により軟禁状態に置かれ，さらに暴行を受けたことに耐えかね，父親の首を紐で締めつけ，窒息させて殺害した事件である。このケースでは，被告人が長年置かれていた状況に鑑みて，情状酌量の余地があることから執行猶予を付けることが模索されたが，被告人が父親である尊属を殺害していることから尊属殺人に該当し，被告人に対して死刑又は無期懲役を宣告しなければならないこととなる。

　そこで，最高裁判所は，「刑法200条は，尊属殺の法定刑を死刑または無期懲役刑のみに限っている点において，その立法目的達成のため必要な限度を遥か

に超え，普通殺に関する刑法199条の法定刑に比し著しく不合理な差別的取扱いをするものと認められ，憲法14条１項に違反して無効であるとしなければなら」ない，と判示，つまり尊属殺を規定する刑法200条は刑が死刑又は無期懲役に限られている点で，普通の殺人を規定する刑法199条よりも不当に重いものとなっており，**法の下の平等**を定める憲法14条に違反するとしたのである（最大判昭和48年４月４日刑集27巻３号265頁）。

　もともと刑法では，自分より先の世代である**尊属**（父母や祖父母など）に対する殺人や傷害致死などにつき，通常の殺人罪や傷害致死罪よりも重い刑罰が科されていた。これは判例の中でも取り上げられており，こうした規定の目的は，「法が子の親に対する道徳的義務をとくに重要視したものであり，これ道徳の要請にもとずく法による具体的規定に外ならないのである」（最大判昭和25年10月11日刑集４巻10号2037頁）と，述べられていた。この指摘の背景には，従来は親を尊重することが子どもにとって守られるべき道徳観としてあり，それが具体的に刑法の条文として表れ，判例でもそうした道徳観念が反映されていたと見ることが出来よう。

　こうした「親を敬うべし」という価値観や家族道徳を色濃く反映する状況から，判例の変更により，憲法で定められている法の下の平等という観点から個人の平等が重視されるようになったのである。この現象も，法により道徳的価値観を方向付けていたものから，次第に道徳と法を分離して判断する傾向となった過程を示しているといえる。

### ３　隣人訴訟

　法と道徳は密接に関係し合っているため，現代社会で起きる事件でも法と道徳の線引きが難しく，時には両者が混同してしまい，結果として大きな現象が生ずることもあり得る。こうした視点から，三重県津地方裁判所にて提起された隣人訴訟を取り上げてみたい。**隣人訴訟**とは，文字通り隣人を相手取り訴訟を提起することであるが，大別すると①親しくない間柄での訴訟と，②親しい

間同士での訴訟，がある。①は，引っ越してきた者との騒音をめぐるトラブルなどがある。②は，自分のために何かをしてくれた友人に対し落ち度があった場合に訴え出る，というケースがある。今回は，②のケースをめぐり，世論が大きな反応を見せた隣人訴訟を見てゆく。

　原告のA夫妻と被告のB夫妻は，1974年7月頃に三重県鈴鹿市内にある，ため池が近くにある団地に引っ越してきた。翌年，町内会の隣組役員の関係から両夫妻との間で交際がスタートし，A夫妻の息子（a君）とB夫妻の息子（b君）が同じ幼稚園に通っていたこともあり，より深い付き合いとなっていった。

　1977年5月に，A妻がB宅の庭で遊んでいたa君を迎えに行ったところ，a君が嫌がり，それを見ていたB夫が口添えしたということもあり，そのまま子供たち同士で遊ばせておくことにした。その際，A妻はB妻にお使いに行くのでよろしく頼む旨を告げ，B妻の方も子供たちが2人で遊んでいるので大丈夫でしょう，と応えた，とされる。当初は，B妻の方でa君とb君が団地内の道路や空き地で自転車を乗り回して遊んでいることを確認していたが，その後B妻のみ帰宅した。しばらくしたところ，b君が1人で戻り，a君がため池に潜ったまま帰ってこないことを伝えた。事態を聞いたB夫妻は近所の人たちと共に池へ駆け付け，探索したところ池の中で沈んでいるa君を発見した。a君は救急車で病院へ運ばれたものの，既に死亡していた。

　以上が事件の顛末であるが，その後A夫妻は，損害賠償の請求を求めて訴訟を提起した。まず，B夫妻に対しては，子どもを預かって監督するという準委任契約（民法656条）が結ばれており，仮に契約が成立していなかったにせよ，条理や信義則に照らしても注意義務を怠ったことによる責任を求めた。また，ため池を管理していた国・三重県・鈴鹿市に対しては，ため池の周囲に防護柵を設けず，水難事故の危険性を放置していたとして，国家賠償法2条1項に基づく責任を求めた。さらに，ため池から土砂を採取した建設会社に対しては，土砂を採取後に整理をせず，危険な状況を漫然と放置していたことによる責任を求めた。

　裁判所の判断では，B夫妻がa君を預かった行為は，近所のよしみから好意

で預かったものであるので，法的な準委任契約の成立までは認められないものの，B妻が空き地でa君とb君が遊んでいたことを確認していたこと，a君が渇水期には水が引いているため池で遊んでいたことは知っていたこと，また事件当日が汗ばむ陽気であったことからもa君が水遊びをしているうちに深みにはまることは予見可能だったこと，などから，B夫妻に子どもを監督する責任があったことを認め，民法709条及び同法719条に基づき526万6,000円あまりの損害賠償金の支払いを命じる判決を下した。この損害賠償金の額については，a君を日頃からしつけていなかったA夫妻にも問題があったとして，過失相殺がなされたことに基づく（民法722条2項）。国・県・市の行政及び建設会社については，設置管理上の瑕疵が無かったことを理由に，責任は無いものとされた（津地判昭和58年2月25日判タ495号64頁）。

　裁判では以上のような判決が下されたが，事件はこれだけでは終わらなかった。世論から，B夫妻に同情的な意見，つまり善意で子どもを預かっただけなのに，その法的責任を負わせるのは可哀そうである，という意見が示されたのである。こうした同情論が次第にエスカレートしてゆき，隣人を訴えたA夫妻の実名が報道されていたこともあり，全国から非難と嫌がらせの電話や手紙が殺到したのである。本ケースでは，地方裁判所の判決に対し，これを不服としてA夫妻・B夫妻の間では共に控訴する動きがあったが，社会的なバッシングに耐えかねて，訴えを取り下げざるを得ない状況に追い込まれた。

　こうした事の重大さに法務省が，異例ともいえる見解を同年4月8日に発表するに至った。日本社会における隣人訴訟の本質，また道徳論から法を見る上で重要な要素を含んでいるので，以下に転載する。

　　本件は，訴えを提起したこと自体やその後の訴訟上の対応などを非難した多数の侮蔑的ないし脅迫的な内容の投書や電話が原告及び被告のもとに殺到したため，原告は第一審で一部勝訴したにもかかわらず訴えそのものを取り下げざるをえなくなり，また第一審で一部敗訴し控訴した被告も原告の訴えの取り下げに同意せざるをえなくなったものであって，そのため

裁判を受ける権利が侵害されるに至った事案である。

　いうまでもなく，裁判を受ける権利は，どのような事実関係であっても，自己の権利または利益が不当に侵害されたと考える場合には，裁判所に訴えを提起してその主張の当否についての判断及び法的救済を求めることができるとするものであり，国民の権利を保障するための有効かつ合理的な手段として近代諸国においてひとしく認められている最も重要な基本的人権のひとつであるところ，前記のような多数の者の行為により，これが侵害されるに至ったことは人権擁護の観点からは極めて遺憾なことというほかはない。

　法務省としては，かねてより自らの権利を主張する場合にあっても，相手の立場を配慮し，互いに相手の人権を尊重することが必要である旨強調してきたところであるが，本件を契機として，国民ひとりひとりが，法治国家体制のもとでの裁判を受ける権利の重要性を再確認し，再びこのような遺憾な事態を招くことがないよう慎重に行動されることを強く訴えるものである。

　法務省の見解の中で指摘されているのが，憲法で定められている基本的人権である**裁判を受ける権利**（憲法32条）が侵害されていること（⇒第5章④③），しかも法律行為によらずして社会の世論によって大きな影響を受けていることである。この世論の背後には道徳的感情，つまり「善意で子どもを預かっていた人を訴えるなんて……」「そんなことで裁判を起こすべきではないだろう」というような道徳論が社会の中で形成され，それがプレッシャーとして法的な行動に影響が及んだと見ることが出来る。本件の隣人訴訟は，法律上正当な権利として認められている訴訟を提起する行動が，道徳的感情によって左右された事例でもあり，法的問題と道徳的問題とにつき，非常に慎重かつ難しい問題を投げかけている。

　津地方裁判所での隣人訴訟をめぐる過剰な報道や法務省の見解が発表されたのは1980年代のことであるが，日本人の訴訟提起の行動と世論との視点からは，

現代でも引き続き検討を要する問題が内在していると考えられる。というのも，民事訴訟の利用者を対象に行われた調査統計（2016年）のデータを見ると，訴訟を提起する際に躊躇を感じた理由として，世間体を気にしている者の割合が26.8%となっているためである（⇒第3章図3.2を参照）。確かに，時間や費用面の負担と比較すると少ないものの，約4分の1のケースでは世間体が悪いことを理由に訴訟を躊躇ってしまう現実が浮き彫りとなっている。

　このように，法的に保障されている裁判を受ける権利と社会道徳に内在している世間体や世論とのバランスは，法的な問題と道徳上の問題との範囲や線引きについて再考する契機となると同時に，各人の訴訟を提起する実際の行動までの経過を見てゆく重要性とも関係すると思われる。

<table>
<tr><td>第 5 章</td><td>法　源</td></tr>
</table>

　これまでイコノロジーや言語学，法意識論，道徳論といった側面から法の捉え方につき考察してきた。これは，主に法の内面的なカタチから理解を深めようという趣旨によるものであった。

　では，法は外面的にはどのように認識され得るのだろうか。本章では，法を外面的要素から見てゆくために，法規範の構造と法源という側面から捉えてゆきたいと思う。

## 1　法規範の構造

　およそ人が社会生活を営むにあたり，ある種の規範があり，それが法規範へと結びついている。この法規範を機能面から見てゆくと，3 つの側面がある。すなわち，裁判規範・行為規範・組織規範である。

　**裁判規範**とは，紛争処理に際して裁判の基準となるものである。**行為規範**とは，人間に一定の義務の履行を命ずるものである。**組織規範**とは，国・公共団体・会社・機関などの組織・運営を定めるものである。それぞれどういう性格のものか，具体的な条文を交えながら見てゆこう。

①裁判規範

　まず，裁判を行うにあたって裁判官には何が求められているのだろうか。裁判官は，好き勝手に判決を下すことが許されている訳ではなく，裁判を行うための基準を要する。というのも，何らかの基準がないと不公平な裁判や恣意的な裁判を防ぐことが出来ず，ひいては司法に対する国民の信頼が失われるためである。そのため，予め裁判の基準となるように裁判官を名宛人とする規範

（**裁判規範**）を作り，それに基づき裁判を行う方法が取られる。

　例えば，民法で規定されている時効は，裁判規範から理解される制度である。

---

民法145条

時効は，当事者（消滅時効にあっては，保証人，物上保証人，第三取得者その他の権利の消滅について正当な利益を有する者を含む。）が援用しなければ，裁判所がこれによって裁判をすることができない。

---

　時効とは，本来は権利を有していない者であっても長年権利者らしい行為を装っていた場合に権利を認め（**取得時効**），或いは権利を長らく行使していない場合は権利が消滅することとなる（**消滅時効**）ものである。「法は権利の上に眠る者を保護しない」という法格言が知られているが，本来権利者でない者に対して権利を認めたり，権利を消滅させるという判断を裁判官に認めていることになる。このように裁判における証拠制度として時効を捉えるならば，裁判官に時効制度を1つの判断基準を示すための裁判規範としての性質を有していると見ることが出来る。

　また，刑法で規定されている規定についても，裁判規範の側面があるといえよう。刑法199条の殺人罪（⇒第2章③）を例に挙げると，裁判官に対して殺人罪の事件を扱う時には，死刑，無期懲役刑，5年以上の有期懲役刑という刑罰の範囲から刑を選択して科すように，という基準が含まれていると解することが出来る。


②行為規範

　このような裁判規範の裏には，一般人を名宛人とする規範（**行為規範**）が原点としてある。ここでは，刑法235条の窃盗罪の処罰規定（⇒第2章③）を取り上げてみる。

　刑法235条にて定められている窃盗罪の規定は，窃盗事件で裁判となった場合，裁判官に対して10年以下の懲役刑か，50万円以下の罰金刑を下すように，ということを示している裁判規範であるが，この背後には，「汝，人の物を盗

む勿れ」「他人の物を盗んではいけない」という禁止行為の原点としての行為規範が含まれているといえよう。

　民法709条の不法行為（⇒第1章②）も，同様に行為規範としての側面が見受けられる。つまり，「他人の権利や法的利益を侵害してはならない」「不法行為をしてはならない」という行為規範での一定の命令・禁止の形が見えるのである。

● Case Study② ● ┌─────────────── 動物と法 ───────────────

　行為規範は，人を名宛人にしており，動植物などは対象に含まれていない。そのため，飼い犬が人を襲った場合でも，現行法上では犬に対しては法律上の罪を問うことは出来ず，飼い主が法的責任を負うことになる（民法718条1項）。

　ところが，中世ヨーロッパでは**動物裁判**と称される裁判が行われていた。これは，文字通り，動物に対して法的責任を追及するものである。

　面白い逸話として，16世紀初期にネズミに対して行われた裁判の事例を紹介しよう。穀物を食い荒らし，甚大な被害を与えたネズミたちが裁判にかけられることとなったが，その際にネズミ側の弁護士になったのが，バーソロミュー・シャサネ（Bartholomew Chassenée, 1480年～1541年）である。

　判事が裁判の手続きに則りネズミたちに出頭を命じたところ，当然のことながらネズミたちは出頭することはなかった。これに対し，シャサネはネズミたちは各村に散らばっており，そうしたネズミたちに通告するためには1度の召喚状では足りず，改めて各地区で公示すべきことを主張した。この主張は聞き入れられたが，それでもネズ

図5.1　動物裁判にて豚が処刑される様子

ミたちは出頭してこなかった。そのため，シャサネは次なる手として，ネ
ズミたちが裁判所に出頭するためには，ネズミを狙っている天敵であるネ
コの脅威を道中避けなければならないこと，ネズミたちの不利益が大きく
出頭を拒む正当な権利がある，ということを訴えたのである。

　現在の裁判の常識から見ると，非常に摩訶不思議な光景で滑稽とも思え
るが，この動物裁判は実際フランスのオータンで行われたものであり，当
時の人々の動物を裁くという感覚，或いは弁護側のシャサネの論理構成を
見ると，興味深い視点が浮かび上がってくる。

　さらに，現代法の世界では，動物が訴えを提起する原告となれるのか，
という視点から世の関心を集めた裁判が起きた。

　鹿児島県の奄美大島でゴルフ場建設を目的とした開発許可が下りたとこ
ろ，地元住民の他に特別天然記念物のアマミノクロウサギなどの野生動物
が原告となり，開発許可の取消しを求める訴訟が提起された（鹿児島地判
平成13年1月22日判決）。

　裁判所は，アマミノクロウサギなどの野生動物は訴訟の原告となれない
ことを理由に訴えを却下したものの，「個別の動産，不動産に対する近代
所有権が，それらの総体としての自然そのものまでを支配し得るといえる
のかどうか，あるいは，自然が人間のために存在するとの考え方をこのま
ま押し進めてよいのかどうかについては，深刻な環境破壊が進行している
現今において，国民の英知を集めて改めて検討すべき重要な課題というべ
きである」と指摘しており，動物と法をめぐる環境に一石を投じたものと
評価されている。

③組織規範

　**組織規範**は，本来的な意味では公務に関する者を名宛人として，立法・司
法・行政の組織を対象にその形成や運用のルールを定めるものである。例えば，
憲法での規定を見てみよう。

> 憲法43条1項
> 両議院は，全国民を代表する選挙された議員でこれを組織する。

> 憲法66条1項
> 内閣は，法律の定めるところにより，その首長たる内閣総理大臣及びその他の国務大臣でこれを組織する。

　それぞれ，前者は衆議院と参議院の組織について規定し，後者は内閣の組織について定めており，このような規定は組織規範に含められる。憲法以外にも，国会法・内閣法・裁判所法・国家行政組織法・国家公務員法・地方自治法などの法律では，組織規範としての要素が強い性格を有している。

　近年は，この組織規範についてはやや広義の意味で用い，団体の構成員を名宛人として，会社や機関といった団体の組織や運営について定めているものを含める場合もある。例えば，会社法26条1項の規定を見てみよう。

> 会社法26条1項
> 株式会社を設立するには，発起人が定款を作成し，その全員がこれに署名し，又は記名押印しなければならない。

　このような株式会社の組織に関する規定の他に，一般社団法人及び一般財団法人の設立・組織・運営・管理につき定めている「一般社団法人及び一般財団法人に関する法律」の規定などが組織規範の性格を反映しているものに該当する。


④法の重層構造

　以上のように，法規範は行為規範・裁判規範・組織規範に区分されるが，これらの規範はそれぞれ独立して成り立っているわけではなく，それぞれが結合し関連し合って法規範を構成している。例えば，男女雇用機会均等法（正式名称は，「雇用の分野における男女の均等な機会及び待遇の確保等に関する法律」）5条で

は，次のように規定されている。

男女雇用機会均等法5条
事業主は，労働者の募集及び採用について，その性別にかかわりなく均等
な機会を与えなければならない。

この規定は性別を理由とする差別を禁止するという趣旨の条文であるが，1
つには**法の下の平等**（憲法14条1項）に照らし，「性別により人を差別してはな
らない」という行為規範の側面があると同時に，事業主に対して男女間での差
別がないような組織を作り運営することを守らせるための組織規範としての要
素もあるといえる。

さらに，上記の規定も含めて男女雇用機会均等法の内容が守られているのか，
という点を確認するために，必要があると認められた場合は厚生労働大臣が事
業主に対し報告を求めることが出来るが（男女雇用機会均等法29条1項），そのこ
とに対する罰則も設けられている。

男女雇用機会均等法33条
第二十九条第一項の規定による報告をせず，又は虚偽の報告をした者は，
二十万円以下の過料に処する。

つまり，報告をしなかった者や虚偽の報告をした者に対する罰則が設けられ
ており，これは裁判官に対して裁判の際の判断基準を示すものとしての裁判規
範と見ることが出来よう。

このように，行為規範・裁判規範・組織規範が重なり合って法規範が構築さ
れていることを，**法の重層構造**と称する。こうした中で，裁判や紛争解決の場
面で重要な位置付けを有するのが裁判規範である。というのも何が裁判の基準
となるのか，そしてその意味で法はどのような形で存在するのか，ということ
が求められるためである。この法の存在形式を法源と称する。法源については，
節を改めて見てゆくことにしよう。

# ② 法　源

　裁判官が裁判を行う際に，その拠り所となる規範が必要となる。その際に，法を認識する手段として法がどのような形式で存在しているのか，という法の存在形式のことを**法源**という。この法源には，大別すると成文法と不文法がある（図5.2を参照）。

## ①成文法

　**成文法**とは，法典や文書という形で法を備えているものであり，ドイツやフランスを始めとするヨーロッパの**大陸法**や，同じく大陸法系に属するポルトガルやスペインの植民地支配を受けた中南米諸国，さらには近代法継受においてドイツ法やフランス法の影響を受けた日本で見受けられるものである。国会などの法を制定する権限のある機関による手続きに則り制定され，一定の形式で公布された上で効力を有することになるので，**制定法**ということもある。

　成文法の長所として，まずは法的安定性が実現できることが挙げられる。意識的に定められた文章の形として法があるため，立法・主旨の目的を明確化させることができ，内容も体系的且つ論理的なものとなる。さらに，迅速性という点からも優れている。つまり，日本の近代期における法の継受過程とも関わる視点であり，現在日本が成文法主義を採用している理由とも関わるが，中央集権国家を確立させるためには，各地の慣行を一つ一つ丹念に整理するよりも，整然とした文章という形で目に見える法を完成することが望ましかった，という点がある。

　一方で，短所もある。というのも，成文

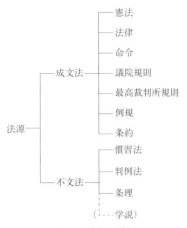

図5.2　法源の種類

法主義を採ると法の制定や改廃に際して，その形式や手続きが複雑であるために法が固定化され，流動性に欠けるという側面がある。つまり，社会の変化に迅速に対応出来ないという事態も生じてしまう。また，立法を専門家が行うため，条文の解釈が難解となり，一般人の理解から離れてしまうという欠点がある。こうした短所を補うため，日本では不文法である慣習法を補完して用いている。

②不文法

　**不文法**とは，永い歴史の中で蓄積されてきた慣習や判例の中に法理論が存在するというスタンスに基づく考え方であり，イギリスやアメリカを中心とする**英米法**において取られている。成文法とは異なり文書の形で制定されるものではないので，**非制定法**ということもある。

　不文法の長所として，社会生活の実態に適応していることがある。つまり，現実社会の変動と法が連動しやすいため，法の弾力性があるといえる。さらに，人々の慣習や事件の解決方法の蓄積が法となってゆくので，一般人の感覚に近い部分がある。

　他方で，不文法の短所として挙げられるのが，非文書という点である。つまり，その中身や内容が整然とした規定内容となっている法典という形では認識されないため，統一的法秩序の形成には難しい側面がある。又，関連する判例が多数ある場合には，紛争を解決する際に複雑かつ煩雑になる虞があるということも指摘できよう。そのため，不文法主義に立脚する英米法系であっても，複雑化してゆく社会に対応するために，アメリカの統一商事法典に代表されるように成文化される法分野もあり，成文法の重要性は増大しつつあるといえる。

### ③ 成文法の種類

　成文法とは文書の形で備えられている法の形式であるが，この成文法にはいくつかの種類がある。日本の成文法のカタチにつき，見てゆこう。

①憲　法

　憲法は，国家の統治体制の基本的事項を定めた法である。一国の法令は，憲法の定める立法手続きにより制定され，憲法によりその効力が保障されるため，憲法は国の最高法規という性質を有する。

> 憲法98条1項
>
> 　この憲法は，国の最高法規であつて，その条規に反する法律，命令，詔勅及び国務に関するその他の行為の全部又は一部は，その効力を有しない。

　つまり，全ての法令の最上位にある憲法に反する法律・命令・詔勅などは，効力を有しないことを意味する規定となっている（⇒第8章図8.7を参照）。

　憲法の最高法規を保障するため，憲法の改正にあたっては通常の法律の改正よりも厳格な手続きが定められている。

> 憲法96条1項
>
> 　この憲法の改正は，各議院の総議員の三分の二以上の賛成で，国会が，これを発議し，国民に提案してその承認を経なければならない。この承認には，特別の国民投票又は国会の定める選挙の際行はれる投票において，その過半数の賛成を必要とする。

　各議院の総議員の3分の2以上の賛成及び国民投票による過半数の賛成が要求されているが，このように憲法を改正するにあたり，通常の法律を改正するよりもハードルを高くし，特別に加重された要件・手続きを要する憲法を硬性憲法と称する。

　これに対し，通常の法律と全く同じ手続きで以って憲法を改正できるものを軟性憲法と呼ぶ。現在殆どの国家は硬性憲法であるが，イギリスは憲法典を有していない不文憲法であり，通常の立法手続きと同じ要件で改正できる軟性憲法となっている。また，1848年に制定されたイタリア憲法も軟性憲法であった。

②条　約

　条約とは，国家間または国際組織間において文書により締結がなされ，国際法により規律されるところの国際的合意である。条約の他にも名称があり，憲章・協定・協約・取極・規約・規定・議定書・宣言などがあるが，国際法上の効力は同一である。

③法　律

　国権の最高機関であり，国の唯一の立法機関である国会での議決を経て制定される国法が**法律**である。

> 憲法41条
> 国会は，国権の最高機関であつて，国の唯一の立法機関である。

　尚，法律は原則として衆議院と参議院の両議院での議決を経なければならないことが規定されている（憲法59条1項）。

④命　令

　**命令**とは，国会以外の国の行政機関が制定する法である。法律で細かい事項まで定めると法律の改正は容易ではないため運用に障害となる場面が出てくる。そうした際に対応するために，命令の形で委任することが行われる。

　命令にはいくつかの種類が含まれるが，大別すると，内閣によって制定される**政令**（憲法73条6号），内閣府によって制定される**内閣府令**（内閣府設置法7条3項・4項），各省大臣によって制定される**省令**（国家行政組織法12条1項），公正取引委員会・労働委員会・教育委員会・公安委員会・選挙管理委員会などの国の行政委員会及び各庁の長官によって制定される**規則**（同法13条1項）がある。

⑤議院規則

　**議院規則**とは，議院の自律権を尊重するため，内部組織及び運営に関し，自主的に決定することのできる自律権に基づき制定される規則である（憲法58条

2項）。衆議院規則・参議院規則・両議院協議会規程などがある。

⑥最高裁判所規則

　**最高裁判所規則**とは，裁判所の自主性を確保し，裁判所の専門的な判断を尊重する目的で制定される規則である（憲法77条1項）。民事訴訟規則・刑事訴訟規則・家事審判規則・少年審判規則・民事調停規則などがある。

⑦例　規

　**例規**とは，地方公共団体や地方公共団体の長が制定するところの法形式である。この内，地方公共団体が制定するのが**条例**（憲法94条，地方自治法14条1項），地方公共団体の長が制定するのが**規則**（地方自治法15条1項）であり，双方を例規と称する。

# ④　不文法の種類

　不文法のカタチには，慣習に基づき成立する慣習法，裁判所の判決により成立する判例法，裁判官が裁きを行う際の拠り所となる条理，といったものが含まれる。この内，日本において判例法や条理につき法源性が認められるのか否かをめぐっては，争いがある。

①慣習法

　**慣習法**とは，ある特定の社会における人々の行動が模倣され，反復されることにより，その社会の構成員の行為として法則化したものである。法の源は慣習であることを示す法格言として，ローマ法に由来するとされる「法律の最上の解釈者は慣習である」や，中世ドイツの「法はすべて正義（公平）と慣習とに由来する」などが知られているが，こうした表現から，古くは慣習法が重視されてきたことが分かる。

　成文法主義に立っている日本では，成文法を第一次的な法源としており，一

定の地域でしか認められていない不文法たる慣習法については，民法や商法の領域にあるもので，一定の要件を満たした場合にのみ，補助的な効力を認める，という立場にある（成文法優先主義）。

日本における慣習法については，法の適用に関する通則法3条に次のような規定が置かれている。

法の適用に関する通則法3条
公の秩序又は善良の風俗に反しない慣習は，法令の規定により認められたもの又は法令に規定されていない事項に関するものに限り，法律と同一の効力を有する。

この規定は，一定の要件を満たせば慣習にも法律と同等の効力を有することを認めている条文である。慣習法として認められるための要件としては，次のものが求められる。

【慣習の存在】

まずは，慣習が存在している必要がある。つまり，一定範囲の社会構成員により，同種同様の行為や事項につき，長きに亘り反復されてきたことにより，ある程度にまでその範囲の人々の行動を拘束するまでになった社会規範としての慣習が存在していなければならない。

【慣習が法的価値を有すること】

慣習が存在していたとしても，その慣習が社会的価値のみならず，さらには法規範としての価値を有することが求められる。つまり，権利義務関係で構成されなければならないのである。

【公序良俗に反しないこと】

慣習であっても，社会の一般的利益・道徳に反するものは，**公序良俗**に反するものとして認められない。これは民法90条の規定に基づくものであり，公の

秩序・善良の風俗に反するような慣行，つまり人身売買や一夫多妻制，村八分といった慣行は認められない，ということになる（⇒第4章①）。

【法令に規定のない事実に関するものか，又は法令によって認められたもの】

　前者の法令に規定のない事実に関するものとは，法令において規定がないからこそ，慣習に法的な効力を認め，機能させてゆくものである。具体的には，温泉権や農業水利権，内縁関係といったものが，判例の中で認められている。

　　● 一歩先③ ●　　　　　　　物権法定主義と慣習の関係

　　民法175条には，次のような規定が置かれている。

> 民法175条
> 物権は，この法律その他の法律に定めるもののほか，創設することができない。

　　ここで定められている原則は，**物権法定主義**といわれるものであるが，所有権に代表されるような**物権**（人が物に対して直接行使できる権利）は，民法やその他の法律でしか創設できないのが原則である。

　　物権法定主義は，前近代において見られた特に土地に対する封建的な主従関係に基づく複雑な権利関係を排斥すること，またある物について誰がその物権を有しているのかを第三者に公示できるようにして取引の安全性を確保すること，といった理由により，当事者の自由な意思によって物権を創設することができないようにし，法律上物権の種類を限定する必要があることから生まれた原則である。

　　民法が制定された際にも，民法施行法35条で「慣習上物権ト認メタル権利ニシテ，民法施行前ニ発生シタルモノト雖モ，其施行ノ後ハ民法其他ノ法律ニ定ムルモノニ非サレハ，物権タル効力ヲ有セス」との規定が置かれた。つまり，民法が制定される前から存在している慣習上の物権であっても，物権法定主義の原則に従い，法的な効力を有しないとの立場を取って

いたのである。

　しかし，これでは伝統的な慣習に従って暮らしていた人々にとって，混乱を招いてしまう。そこで，こうした物権法定主義を定める民法の外にあるものとして，判例において温泉権（湧出地から温泉を引く権利）や農業水利権（河川などから水を引く権利）が慣習法上の物権として，その効力が認められていったのである。

　後者の法令によって認められたものとは，単に慣習が存在するのみならず，国家によって承認されたことを意味する。具体的には，民法で定められている入会権（いりあいけん）が挙げられる。

民法263条
共有の性質を有する入会権については，各地方の慣習に従うほか，この節の規定を適用する。

民法294条
共有の性質を有しない入会権については，各地方の慣習に従うほか，この章の規定を準用する。

　これらの条文で規定されている入会権とは，日本の伝統的な村落に見受けられたもので，村全体で山林原野・ため池・田畑などを共同管理・所有する権利のことである。近代法が確立する前から認められていた慣習に基づく権利を，民法の条文により保護したのである。

• コラム⑧ • ｜ 　　　　　　　　　おとぎ話と慣習法

　身近なおとぎ話から法的な問題として，入会権を考えてみよう。日本のおとぎ話での冒頭を思い出してみると，「むかしむかし，あるところにおじいさんとおばあさんが住んでいました。おじいさんは山に柴刈りに，おばあさんは川に洗濯に行きました」というフレーズを思い浮かべる人も多

いだろう。ここでのおじいさんが柴を刈っている山について考えてみたい。実は，この山の所有形態をめぐる問題が，入会権と関係するものである。

勿論，裕福なおじいさんが自身で広大な山を所有し，余暇で柴を刈っているかも知れないが，ただ多くの人は，とある村に住んでいる質素で慎ましやかな暮らしをしているおじいさんが，その日暮らしで薪を得るために山に入ってゆく姿をイメージするのではないだろうか。まさに，こうした山林を村全体の共同のものとして利用し，薪や柴を刈ることが認められてきたという実情を踏まえて，権利として規定したのが入会権である。

こうした農村が共同して利用している山に入り，永い間薪を取って生計を立ててきたおじいさんにとって，いざこうした権利が認められなくなると，路頭に迷ってしまうかも知れない。そのため，法律上はこうした慣習に基づく権利を入会権として認めたのである。

現行法上，こうした慣習の重要性を認めている条文は他にもあるので，紹介しておこう。商法には，商慣習に関して次のような規定が置かれている。

商法 1 条 2 項
商事に関し，この法律に定めがない事項については商慣習に従い，商慣習がないときは，民法（明治二十九年法律第八十九号）の定めるところによる。

つまり，商慣習は商法の規定には劣るものの，民法よりも優先的効力が認められることになるので，商法・商慣習・民法の順で優位に立つのである。これは，商取引における慣習は歴史的に現実的且つ合理性を有してきたことに基づき，一定の効力が認められることによる。

成文法と慣習法との関係では**成文法優先主義**が原則である。そのため，本来は補助的な効力しか認められていない商慣習が，商法 1 条 2 項の規定により，成文法たる民法よりも優位に立つことになるが，この点は一般法と特別法との関係で説明するのが合理的である（⇒第 6 章 ⑥）。つまり，**特別法は一般法に優先する**，という原則に基づき，民法の特別法たる商法での規定は，一般法たる

民法の規定に優先することとなり，さらに成文法たる商法が不文法たる商慣習に優先する，という構図になる。

　また，国際法の分野でも文書の形式で合意がなされる成文法である条約の他に，不文法である国際慣習に法源性が認められている（国際司法裁判所規程38条1項b）。これは，もともと国際法の立法機関が存在しなかったことから，国家と国家との間で長い間培われ合意の下で成り立ってきた慣習を重視している姿勢を尊重するものである。

　尚，こうした慣習法については，民法や商法の分野では個人は誰からも干渉されることなく自らの意思形成により法律関係を築くことができ，国家はそれを尊重・保護しなければならないという**私的自治の原則**という観点から重視される。しかし，刑法では慣習法は認められない。これは，刑罰法規の運用は厳格にその文言の枠内でのみ行われる，という**罪刑法定主義**があるためである（⇒本章豆知識④）。

　罪刑法定主義とは，刑法に犯罪類型が無ければ処分されない，という原則であり，現行法では憲法31条によって保障されている。

> 憲法31条
> 何人も，法律の定める手続によらなければ，その生命若しくは自由を奪はれ，又はその他の刑罰を科せられない。

　罪刑法定主義は，国家が国民に対して恣意的に犯罪や処罰を下すことがないように，予め犯罪行為の範囲，及びその処罰を明確に示しておくというものである。仮に国家が慣習を持ち出して刑罰権を行使すると，国民はいかなる行為が犯罪となるか分からず，結果として国民の行動は大きく制約されることにつながってしまう。そうしたことがないように慣習刑法は否定されており，そのため，物を盗んだ場合に慣習法に従い死刑を適用する，というようなことは認められない。

• 豆知識④ •　　　　　　　　法格言と罪刑法定主義

　罪刑法定主義に関する有名な法格言に、「法律なければ犯罪なく、法律なければ刑罰なし」がある。これは、ドイツの刑法学者アンゼルム・フォイエルバッハ（Paul Johann Anselm Feuerbach, 1775年～1833年）により、1801年に提唱されたといわれている。

　東洋の伝統的な律の体系では、予め想定出来なかった犯罪について処罰を下す規定が設けられていた（⇒第2章一歩先②）。日本で罪刑法定主義が制度的にもたらされたのは、明治時代に定められた刑法（1882年（明治15年）施行）であった。この旧刑法では、次のような規定が置かれていた。

図5.3　フォイエルバッハ

---

旧刑法2条
法律ニ正条ナキ者ハ何等ノ所為ト雖モ、之ヲ罰スル事ヲ得ス。

---

　法律の条文が無ければ処罰されない、との罪刑法定主義が刑法上明文で定められていたことが分かる。その後に制定された大日本帝国憲法（1890年（明治23年）施行）において、次のように定められた。

---

大日本帝国憲法23条
日本臣民ハ法律ニ依ルニ非スシテ、逮捕監禁審問処罰ヲ受クルコトナシ。

---

　この規定が置かれたことにより、現行刑法（1908年（明治41年）施行）では正面から罪刑法定主義を定めた条文は削除された。

②判例法

　**判例法**とは，裁判所の判例が法となるものである。判例が法源として認められるということは，具体的な事件を解決するにあたり裁判所の判決が法を作り出し，裁判官が法を創造する役割を果たすことを認めていることにもなる。イギリスや植民地支配によりイギリス法の影響を受けたアメリカ，カナダ，オーストラリア，ニュージーランド，インドなどの英米法系の国々（アメリカのルイジアナ州やカナダのケベック州に代表されるように，フランス法の大陸法系の影響を強く受けている一部の地域を除く）は，経験主義に基づき判例に法源性を認めており，判例法がある。

- 一歩先④ -　　　　　　　　イギリスにおける判例法体系

　イギリスにおける判例法は，**コモンロー**（common law）と**エクイティ**（equity）とに分かれる。イギリスでは中央集権の体制が比較的早くに確立したこともあり，13世紀には国王裁判所が下した判決を集積して，全国で一様に適用される共通の法としてコモンローが成立した。ここに，ローマ法の影響を受けたヨーロッパの大陸法とは異なり，判例に基づく法の発展形態が見られたのである。

　その後，14世紀頃からコモンローが硬直化し，保護を受けられない者も出てきたため，当時の社会の要請に応じる必要性から，国王の代官である大法官（Chancellor）により個別に救済が与えられるようになる。この大法官が扱った事件の判決が集積し，エクイティ（**衡平法**と訳される）の判例法体系が生まれた。

　このようにイギリスでは，コモンローとエクイティがそれぞれ別個の裁判所において独自の法体系として発展していったという歴史的経緯がある。

　英米法系においても，判例法を補充や修正をする場合，或いは判例法を成文の形で制定する場合に成文法が用いられ，その場合に成文法は判例法に優先する関係となる。但し，あくまでも英米法系では成文法は第二次的な法源としての位置付けに止まるものであり，判例法が第一次的な法源として扱われること

には注意が必要である。

　特に，イギリスにおいて判例法は，先例拘束性原理により厳格な拘束力を持つことになる。イギリスでは2009年に最高裁判所が設立されたが，それ以前は貴族院が最高裁判所の役割を果たしていた。従来は，貴族院での判例は絶対的な拘束性があり，貴族院も含め全ての裁判所は判例を変更することが出来ないこととなっていた。その後，1966年に厳格な先例拘束性原理の適用は法の適正な発展に不当な制約が加えられるため，従前の判決から離れることが正しいと思われる時には先例から離れることを認める，との声明が貴族院より出された。そのため現在は，厳格な先例拘束性原理よりも緩和され修正されているものの，未だに先例拘束性原理はイギリスにおける重要な裁判上の原理となっている。

　**先例拘束性原理**とは，判決理由に法的拘束力を認め，主要事実が同じであれば原則として先例の判決に従った判断がなされることを指す。この原則により判例に統一性が保たれ，法的安定性が図られることにもなる。

• Case Study③ •　　　　　　　　メジャーリーグ（MLB）と先例拘束性原理

　アメリカ法とイギリス法は併せて**英米法**と称されるが，相違点も見受けられる。これは，アメリカは戦争によりイギリスから独立を果たしたことからアメリカ法発展の萌芽期にはイギリス法に対する批判的な姿勢があったことや，アメリカでは連邦制のために州ごとに法が異なる体系であること，などに起因する。しかし，判例法を第一次的法源として採用する英米法の体系に属していることには変わらず，イギリスと同様にアメリカにおいても先例拘束性原理が働いている。

　アメリカのメジャーリーグ（MLB）を舞台に繰り広げられた裁判例を紹介しよう。MLB の歴史は古く，19世紀後半にはリーグが結成されるようになるが，その最中1870年代に保留制度が設けられた。保留制度とは，野球の球団が選手と契約するにあたり，契約期間中に選手の自由な意思による他球団への移籍を禁止するものである。これは，各球団が選手を自身のチームに保留させ，他球団が勝手に選手を買収しないことを合意したもの

であった。しかし，この保留制度は選手自身の自由意思を阻害するばかりか，球団が談合の上で選手獲得に際しての球団間の競争を排除する仕組みともなっており，シャーマン独占禁止法（以下，独禁法と表記する）に違反する可能性がある。この問題を争点として，繰り返し訴訟が提起されてきた。

　初期の判例として，フェデラル・リーグ（FL）の訴訟がある。FL とは1910年代に数年間のみ存在していたリーグである。FL では当初は優秀な選手を確保しようと試みたものの，既存のナショナル・リーグ（NL）とアメリカン・リーグ（AL）が保留制度に基づき自球団の選手の流出を防ぎ，最終的には FL は消滅に追い込まれることとなった。これに対し，NL と AL が共謀して野球ビジネスを独占したことによるものであり，独禁法に違反しているとして，FL により訴えが提起されたが，野球界には独禁法は適用されない，との判断が1922年に連邦最高裁判所より下された（Federal Baseball Club v. National League, 259 U.S.200 (1922).）。

図 5.4　ブルックリン・フェデラル・リーグ（Brooklyn Federal League）

　野球界は独禁法の適用から除外されるという1922年の先例は，アメリカの野球訴訟の歴史を見ても，その後の判例を拘束している。1953年にはジョージ・トールソン（George Earl Toolson）が，1972年にはカーティス・フラッド（Curtis Charles Flood）が，保留制度が独禁法に違反するとの主張を提起したものの，野球界は独禁法の適用を受けないとの判断により敗訴している。野球界以外のプロスポーツでは，ボクシングやフットボールに関する訴訟では，何れも独禁法の適用を受ける判断が司法よりなされており，そうした観点からもアメリカの先例拘束性原理が働いていることが見て取れる。

尚，MLB ではその後1977年に選手会と球団との間で成立した団体交渉の結果に基づく協定により，フリー・エージェントとなる資格が認められることとなった。そのため現状では MLB の野球選手も大きな影響は無いとされている。

先例の中で拘束性が働くのは，事件を判断するにあたり，裁判官が述べた意見の内，判決の結論を導くために必要不可欠の基礎となった部分である。この部分を**レイシオ＝デシデンダイ**（ratio decidendi）と称し，この**判決理由**が後の事件に対する拘束力を有するものとなる。それ以外に副次的に示された部分は，**オビター＝ディクタム**（obiter dictum）と称し，この**傍論**については法的拘束力を持たない。

対する，大陸法系の国々，また大陸法の法体系を基盤とした日本においては，成文法主義を採用していることから，厳密な意味での判例法の概念は確立しておらず，存在しているのは判例のみとなる。つまり，日本においては，判例に法的拘束力はないというのが原則である。この点について，いくつかの規定を挙げながら説明してゆこう。

まず，憲法では次のような規定が置かれている。

憲法76条3項
すべて裁判官は，その良心に従ひ独立してその職権を行ひ，この憲法及び法律にのみ拘束される。

これは，裁判官は法律上先例には拘束されず，自らの自由な法判断を行い得ることを示している。そして，裁判所の判決は当該事件限りで効力を持ち，他の事件を拘束する力を持つものではないことを意味する。但し，当該事件では，上級裁判所の判断が下級裁判所を拘束することになる（裁判所法4条）。

では，日本における判例の持つ意味合いはどのようなものだろうか。確かに，制度上では判例に法源性は認められていないものの，日本では判例研究はしっかりとなされ，重要な役割を果たしている。これは，日本では判例が**事実上の**

拘束力を持っているためである。民事訴訟法と刑事訴訟法の規定をそれぞれ見てみよう。

---

民事訴訟法318条1項

上告をすべき裁判所が最高裁判所である場合には，最高裁判所は，原判決に最高裁判所の判例（これがない場合にあっては，大審院又は上告裁判所若しくは控訴裁判所である高等裁判所の判例）と相反する判断がある事件その他の法令の解釈に関する重要な事項を含むものと認められる事件について，申立てにより，決定で，上告審として事件を受理することができる。

---

刑事訴訟法405条2号

高等裁判所がした第一審又は第二審の判決に対しては，左の事由があることを理由として上告の申立をすることができる。

二　最高裁判所の判例と相反する判断をしたこと。

---

　これは，民事事件・刑事事件双方で，従来の最高裁判所と異なる決定が高等裁判所でなされた場合は，上告することが出来ることを認めている規定である。通常，最高裁判所において争われた同様の紛争が将来起きた場合，過去の最高裁判所で下されたのと同様な判例が下されることが期待されている。仮に同様の事件にも拘らず，全国各地の裁判所によって出される判決が異なる結果となるならば，国民の司法に対する信頼が失われることにもつながりかねない。そのため，最高裁判所が出した過去の判例に相反する判断が下された場合に，上告をすることが出来るのである。こうした観点からも，個々の裁判官によってその判断に違いが出ないように，日本の判例というのは一定の法的安定性を保つために重要な作用を果たしていることが分かる。

　さらに，最高裁判所が従前の判例を変更するためには特別の手続きが要求されている。最高裁判所の裁判には，**大法廷**及び**小法廷**がある（裁判所法9条1項）（⇒第9章②①）。この内，小法廷は5名の裁判官で構成されるものであり，基本的にはまず小法廷にて審理が行われる（最高裁判所裁判事務処理規則9条1

項）。但し，判例変更を要する場合は，小法廷では審理できず，15名全員の裁判官で構成される大法廷において審理がなされる。これは，裁判所法10条3号にて，次のように規定されているためである。

---

裁判所法10条3号

事件を大法廷又は小法廷のいずれで取り扱うかについては，最高裁判所の定めるところによる。但し，左の場合においては，小法廷では裁判をすることができない。

三　憲法その他の法令の解釈適用について，意見が前に最高裁判所のした裁判に反するとき。

---

　つまり，最高裁判所が従来の判例を変更する必要があると判断すると，15名の裁判官で構成される大法廷でのみ審理されることになる。これは，判例変更は特に慎重でなければならないという考えが反映されていることに基づいており，まさにこうした判例変更の手続きが厳格化されていることにより，最高裁判所の判例は法的な拘束力は持っていないものの，事実上の拘束力を有していることになる。

　このように，日本では判例には絶対的な拘束力は認めらず，事実上の拘束力しか持たないため，判例は将来変更される可能性がある。とはいっても，長年に亘り同様な判例が繰り返されると，その判例は確立した判例と位置付けられ，その拘束力は概して強いものとなる。つまり，同様の事例が裁判で扱われた時には，過去の判断と同様な判決が下される可能性が極めて高くなり，判決の統一性が保たれることにつながるのである。

　例えば，日本での内縁関係をめぐる判例の動向を挙げてみよう。そもそも，日本では婚姻関係は届け出によってその効力が認められるという**法律婚主義**を採っている（民法739条）。そのため，社会的には婚姻関係にありながらも，婚姻の届け出をしていない内縁については，法律上規定が無い。これにつき，大正期に出された判例（大連判大正4年1月26日民録21輯49頁）では内縁関係を婚姻の予約と捉え，正当な理由なく関係を解消した場合は，債務不履行として損害

賠償が認められたケースがある。この判例を契機として，内縁関係に法的保護が与えられるようになり，現在に至っている。

• Case Study④ •　　　　　　　　判例変更の可能性とその実例

日本では，判例は事実上の拘束力があるものと位置付けられている。これは，同様の事件が発生した時には，裁判所は過去の先例と同じような判断を下すことが期待されていることを意味する。しかし，時代の要請や価値観の変化に伴い，裁判所が過去の判例の立場を変更することもあり得る。ここでは，どういう判例が変更の可能性があるのか，具体的な事例と共に考えてみる。

そもそも，最高裁判所の大法廷では15名の裁判官が審理を行う。15名の裁判官が全員一致の結論に達することもあるが，裁判官の意見が分かれることもある。その場合，裁判官の過半数の評決により判決が下されるが（裁判所法77条1項），これを**多数意見**（又は**法廷意見**）という。

この多数意見以外にも，各裁判官の意見は判決書に表記しなければならないこととなっている（同法11条）。各裁判官の意見には，多数意見に賛成するものの意見を補足する場合は**補足意見**，多数意見と結論は同じものの理由付けが異なる場合は**意見**，多数意見と異なる結論の場合は**反対意見**，の3種類がある。この内，反対意見が付されているものや，反対意見の数が多いものは，将来判例が変更される可能性が高いことを示しているとされる。

実際の例として，嫡出でない子の法定相続分をめぐる判例変更の模様を見てみよう。現行の民法900条4号では，次のように規定されている。

民法900条4号
同順位の相続人が数人あるときは，その相続分は，次の各号の定めるところによる。
四　子，直系尊属又は兄弟姉妹が数人あるときは，各自の相続分は，相等しいものとする。ただし，父母の一方のみを同じくする兄弟姉妹

> の相続分は，父母の双方を同じくする兄弟姉妹の相続分の二分の一とする。

　この規定は2013年以降の文言である。2013年以前には，同条同号の但書は「ただし，嫡出でない子の相続分は，嫡出である子の相続分の二分の一とし，父母の一方のみを同じくする兄弟姉妹の相続分は，父母の双方を同じくする兄弟姉妹の相続分の二分の一とする」と規定されていた。つまり，嫡出でない子の法定相続分が嫡出子の２分の１と規定されていたのだが，これが法の下の平等を規定する憲法14条１項に照らして違反するのではないか，ということを争点に，裁判が繰り返し行われてきたのである。

　最高裁判所は，1995年に嫡出性の有無で法定相続分を差別する旧規定を合憲と判断したが，その際には5名の裁判官より反対意見が寄せられた（最大決平成７年７月５日民集49巻７号1789頁）。その後も，最高裁判所では同様のケースで当該規定を合憲との判断を示しつつも，反対意見や合憲との判断に疑問を投げかける補足意見が相次いで指摘されていた。そうした中，ついに最高裁判所は従来の合憲との判断を覆し，民法の旧規定は違憲であるとの判断を下した（最大決平成25年９月４日民集67巻６号1320頁）。この違憲判決を受け，民法900条４号但書は現行法のように改正されたのである。

　こうした点から見ても，日本においては判例は絶対的な拘束力が持たれている訳ではなく，反対意見や補足意見の動向によっては，後に同様のケースで判断が覆ることもあり得ることが分かる。実際に判例を読む時には，判決の結論や多数意見のみならず，補足意見・意見・反対意見にも目を通し，さらには学者や実務家の当該判例に対する評価についての動向も探ることが求められる。


③条　理

　**条理**とは，社会通念上の根本原理ともいうべきものであり，ものの道理を指すものである。社会というのは常に変動している。そのため成文法で規定を用

意していたとしても，全ての紛争についてのケースを予め想定して置くことは出来ない。仮に，裁きを行う際の基準となる，成文法も慣習法も依拠すべき判例も無い場合は，裁判官はどのようにして決定を下すのだろうか。

　刑事事件の場合は，罪刑法定主義に照らし，法律の規定がない以上は刑罰を下し得ない。では，民事事件の場合はどうなのか。裁判官は，「法規が無いので裁判が出来ず，判決を下せません」と言うことは出来ない。というのも，**裁判を受ける権利が憲法で保障されている**ためである。

> 憲法32条
> 何人も，裁判所において裁判を受ける権利を奪はれない。

　これは，裁判所に対して損害の救済を求める裁判請求権が保障されていることを意味する規定なので，裁判官は裁判を拒絶出来ず，何らかの基準に従って判決を下す必要がある。その際に，最終的な判断の拠り所となるのが条理であろうという考えがある。実際の条文で見てみても，民事調停法1条には次のような規定が置かれている。

> 民事調停法1条
> この法律は，民事に関する紛争につき，当事者の互譲により，条理にかない実情に即した解決を図ることを目的とする。

　こうした条理につき法源性を認める見解では，裁判事務心得3条の規定を根拠として主張する考えが一般的である。

> 裁判事務心得3条
> 民事ノ裁判ニ成文ノ法律ナキモノハ習慣ニ依リ，習慣ナキモノハ条理ヲ推考シテ裁判スヘシ。

　これは，1875年（明治8年）太政官第103号布告にて定められた規定であるが，民事裁判で成文法も慣習法もない時には，条理で以って裁くことを認めている。裁判所の判決文の中にも，明文規定が無い場合に条理に照らして解決するしか

ない旨が記されているものもある。

　例えば，現行の民事訴訟法では3条の2以下にて，国際的な要素を有する民事裁判事件を扱う場合に，日本国内の裁判所が裁判を行い得るかどうか，という国際裁判管轄をめぐる規定が定められている。これは2011年に設けられた規定であるが，それ以前の国際裁判管轄に関する明文規定が無かった時期に争われたケースでは，「国際裁判管轄を直接規定する法規もなく，また，よるべき条約も一般に承認された明確な国際法上の原則もいまだ確立していない現状のもとにおいては，当事者間の公平，裁判の適正・迅速を期するという理念により条理にしたがつて決定するのが相当であ」る，との言及がなされていた（最判昭和56年10月16日民集35巻7号1224頁）。こうした点から見るならば，実際に紛争解決の場における条理の重要性や意義が見て取れる。

　但し，明治期に制定された裁判事務心得が現在も法的に効力が認められているのか，ということをめぐっては未だに争いがあり，統一的な結論は導かれていない。というのも，条理の法源性が根拠付けられている裁判事務心得の成立をめぐる過程に着目した上で，日本においては条理が法源として認められない，という立場も根強い意見としてあるためである。試しに，近代日本における裁判所をめぐる主要な法令の整備状況を年表でまとめると，表5.1のようになる。

　このように見てゆくと，大日本帝国憲法及び大日本帝国憲法の下で裁判所システムを構成するための裁判所構成法が制定される前に，裁判事務心得が定められていることが分かる。これは，日本において成文法の体制が整う以前に多くの訴訟件数を迅速的に解決するためには，明治初期に裁判所が次々と設置されてゆく最中で，条理に基づく裁判をせざるを得なかったことによるものを示している。そうしたことから，その後各種の法令が制定されてゆくにつれ，裁判事務心得の位置付けが薄れてゆき，1890年（明治23年）の裁判所構成法の制定に伴い，裁判事務心得の法的効力は消滅したとの見解も存在する。

　民事上の裁判や紛争解決の場面で，裁判官が依拠すべき成文法や慣習法が無い場合に条理を用いて判断がなされている例があることは確かである。しかし，もし日本にて条理に法源性を認める立場を取るならば，少なくとも日本にて近

| 西暦（元号） | | 出来事 |
|---|---|---|
| 1871年（明治 4 年） | 7 月 | 司法省設置 |
| 1872年（明治 5 年） | 3 月 | 各区裁判所章程制定 |
| | 5 月 | 司法事務制定 |
| | 8 月 | 司法省職制並ニ事務章程（司法職務定制）制定 |
| 1875年（明治 8 年） | 5 月 | 大審院開庁，大審院諸裁判所職制章程制定 |
| | 6 月 | 裁判事務心得制定 |
| 1886年（明治19年） | 5 月 | 裁判所官制公布 |
| 1889年（明治22年） | 2 月 | 大日本帝国憲法公布 |
| 1890年（明治23年） | 2 月 | 裁判所構成法公布 |
| | 11月 | 裁判所構成法施行，大日本帝国憲法施行 |
| 1946年（昭和21年） | 11月 | 日本国憲法公布 |
| 1947年（昭和22年） | 4 月 | 裁判所法公布，裁判所法施行法公布 |
| | 5 月 | 日本国憲法施行，裁判所法施行，裁判所法施行法施行 |

**表5.1** 日本における裁判所をめぐる法制度史

代法典が作られる以前の時代背景に，裁判所に持ち込まれる紛争を具体的に解決するために裁判事務心得が求められていたことを意識しつつ，さらに裁判事務心得の法的効力につき有効・無効の双方の立場があることを理解した上で，裁判所をめぐる法令の変遷や時間軸を把握しておく必要はあるだろう。

④学　説

　尚，法源と関連するもので，学説についても言及しておきたい。法学を学んでゆくと，色々な法解釈にあたり，学説が登場する。多くの学者が自身の見解や立場を示すのが**学説**であり，一般に承認されている学説を**通説**，学説が分かれている場合に支持を得ているかどうかの傾向に応じて**多数説・少数説**，さらに少数説であっても有力な見解と見られるものを**有力説**と呼ぶことがある。こうした学説に法源性が認められるのだろうか。

　過去には，学説に依拠して裁きが行われ，学説に法源性が認められていた時代はある。東ローマ帝国の皇帝ユスティニアヌス（Justinianus I, 483年〜565年）は，皇帝に即位した直後から法典編纂事業に着手した。

　完成したユスティニアヌス法典は，後に『ローマ法大全』（又は『市民法大全』，*Corpus Juris Civilis*）と呼ばれるようになるが，『法学提要』（*Institutiones*）・『学

説彙纂』（*Digesta*）・『勅法彙纂』（*Codex*）・『新
勅法彙纂』（*Novellae*）の 4 つより構成されてい
た。この内の『学説彙纂』（533年公布・施行）は，
ローマの法曹39名の学説を抜粋し採録した全50
巻から成るものであったが，これは学説の法源
性が認められていた例の最たるものとして挙げ
られる。

　現在も，学説の及ぼす影響力を認めている規
定が存在する。国際連合の加盟国には国際司法
裁判所規程の当事国となることが義務付けられ

図5.5　ユスティニアヌス帝

ているが（国際連合憲章93条 1 項），国際司法裁判所にて付託された紛争を解決
する際の規範としての際に用いる裁判規範の内に，「法則決定の補助手段とし

　　● 一歩先⑤ ●　　　「ローマは三たび世界を征服した」——ローマ法から近代法へ

　イェーリング（⇒第 2 章②①）は，『ローマ法の精神』（*Geist des römischen
Rechts auf den verschiedenen Stufen seiner Entwicklung*, 1852年～1865年出版）に
て，「ローマは三たび世界を征服した」との印象的な表現を用いている。
これはローマが，まずは武力により，次にキリスト教により，そして最後
には法によって征服したことを意味している。こうした表現からも，ロー
マ法がヨーロッパ大陸における法体系の形成という点から多大な影響を与
えたことが窺い知れる。

　古代ローマにおける最古の成文法とされているのが，十二表法（紀元前
450年頃制定）である。この名称は，12枚の板に刻まれたものが市場に公示
されたことに由来する。一般に十二表法の成立からユスティニアヌス法典
の編纂までにローマ社会において形成され発展した法のことを，**ローマ法**
と総称する。

　ユスティニアヌスの死後，ヨーロッパの各地域では各部族の部族法典が
用いられる時代が続いたが，『学説彙纂』の写本が再発見されたこともあ

り，イタリアのボローニャ大学を中心に，11世紀後半以降再びローマ法研究が盛んになされてゆくようになる。

イタリアでヨーロッパ大陸各地からやって来た多くの学生が，中世以降に発展していったローマ法学や，教皇の教令を体系的にまとめた『カノン法大全』（*Corpus Juris Canonici*）

図5.6　中世におけるボローニャ大学の授業の様子

を中心としたカノン法（教会法）学を学ぶこととなった。そして彼らが帰国後に行政官や司法官の役職に就き，ローマ法の普及に努めたことにより，地域差はあったものの，ヨーロッパ大陸全土に幅広くローマ法の影響がもたらされたのである。

こうしたことから，ローマ法の影響を殆ど受けなかった英米法系と比較するならば，ヨーロッパ大陸法系はローマ法の強い影響を受けたという共通の基盤が形成されたものと見ることが出来る。

ての裁判上の判決及び諸国の最も優秀な国際法学者の学説」が示されている（国際司法裁判所規程38条1項d号）ことからも，その重要性が垣間見えるところである。

但し，学説の法源性を認めるためには，裁判官が紛争解決にあたり学説（或いは通説）に従う義務が生ずることになるが，先に見たように日本の司法上で裁判官は憲法及び法律にのみ拘束されているので（憲法76条3項），学説や通説に縛られることなく自由な判断が出来得る。そのため，権威のあるものまでに高められた学説は，裁判において事実上の影響力を及ぼすことはあっても，基本的に学説の法源性は現代法の世界では否定されるといえよう。

<table>
<tr><td>第6章</td><td>法の分類</td></tr>
</table>

　現代の日本では，毎年のように新たな法律が制定されたり，改正されたりしている。さらには，法律案の審議・議論という点まで含めるならば，法律をめぐる動向はかなり目まぐるしいものとなっている。

　こうした法律について，色々な基準や角度から分析して整理をしてみたい。形式面のカタチとしては，前章で取り上げたように**成文法・不文法**があるが，本章では内容面のカタチから法を分類してみる。

## 1　公法・私法・社会法

　公法と私法の区分については，古くから多くの法学者の関心を集め，様々な論が展開されているが，本書では代表的な学説の説明をするに止める。

①利益説

　法が保護する利益が公益か，私益か，によって区別する考えが**利益説**である。つまり，社会の利益＝公益を保護するものを公法，個人の利益＝私益を保護するものを私法，とする考え方である。

　利益説に基づく考えは，古代ローマにまで遡ることが出来る。『学説彙纂』（⇒第5章④④）にて選ばれた学説の内，3分の1を占めるほどの影響力を与えたとされるウルピアヌス（⇒第2章①①）は，ローマの国家制度に関するものを公法，個人の利害に関するものを私法，と区分しており，公益・私益の利益説に基づく観点からの峻別を提唱したとされる。

　しかし，この見解には，同じ法でありながら公益と私益の双方に関係するものもあるため，両者を明確に区別できない，という批判がある。例えば，刑法

は犯罪と刑罰を定めることで社会生活の秩序の維持を目的としており，この観点から見るならば，公益を保護している。その一方で，個人の財産を守る条文（窃盗罪や強盗罪など）や身体を守る条文（殺人罪や傷害罪など）も置かれており，こうした観点から見ると，同時に私益をも保護していることが分かる。

　私益を保護するための規定が置かれている民法においても，公益を尊重する条文が設けられている（民法90条）。このように，利益説では明確に公法と私法を峻別が出来ないところに難点がある。


②主体説

　法律関係の主体の違いにより区別する考えが**主体説**である。主体説は，イェリネック（⇒第4章[1]③）や日本では美濃部達吉（1873年～1948年）が主張したことで知られているが，これは一方の主体が国又は公共団体であれば公法，一方の主体が私人であれば私法，とする考え方である。

　しかし，この見解に対しては，同一の法律行為にも拘らず，視点の違いによって公法と私法が入り混じってしまうという難点がある。例えば，公務員が昼食をコンビニで買う行為，すなわち法律上の売買契約を，公務員サイドから見ると公法，コンビニ側から見ると私法，となり，矛盾が生じてしまうという批判も根強い。


③法関係説

　法律関係に着目して公法と私法とを区別する考えが**法関係説**である。この考えを説いた者に，パウル・ラーバント（Paul Laband, 1838年～1918年）や日本の穂積八束（1860年～1912年）らがいる。法関係説の基本となるのは，国家関係（統治関係・権力関係）を規律するものを**公法**，社会関係（非統治関係・平等関係）を規律するものを**私法**，とするものである（図6.1を参照）。

　例えば，公務員がコンビニで買い物をする売買契約，これは平等関係になるので私法に位置付けられるし，災害で被災地への支援を行うために国が食料を買う売買契約の場合は，上下の権力関係が生ずるために公法に位置付けられる。

同じ売買契約であっても，法律関係によって，公法・私法を区分できるので，合理的な学説といえよう。

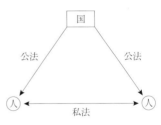

図6.1　公法・私法の関係

　法関係説の代表的な考えに従い，日本の主要な法を公法と私法に区分すると，公法には憲法・刑法・民事訴訟法・刑事訴訟法・国家行政組織法や地方自治法などの行政組織及び作用に関する行政法が，私法には民法・商法が，該当する。訴訟法（民事訴訟法・刑事訴訟法）は，国の機関である裁判所の手続きを定めており，国と私人との関係になるため，公法に位置付けられる。

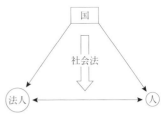

図6.2　公法・私法・社会法の関係

　従来はこのような関係で以って公法・私法で捉えていた。特に，近代の資本主義経済の発展により，個人の経済活動が盛んに行われたことで私法分野が発達してゆくが，それに伴い弊害も生まれることになった。つまり，経済的立場の強い者がその影響力により経済的弱者を支配する場面が出てきたことがある。現代では，ブラック企業やブラックバイトなどがその例として挙げられるが，労働力の対価に見合わない不当な賃金で労働力を酷使する傾向が徐々に出現してきたのである。そのため，従来は純粋な私的関係であったところに，国家が積極的に介入する必要が求められる法領域が出てきたのである。これが**社会法**である（図6.2を参照）。

　この現象は**私法の公法化**ともいわれているが，具体的な条文を通して，この現象につき見てみよう。

---

民法623条

雇用は，当事者の一方が相手方に対して労働に従事することを約し，相手方がこれに対してその報酬を与えることを約することによって，その効力を生ずる。

---

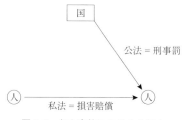

図6.3 殺人事件における公法と
私法の関係

民法623条は民法上の雇用契約を規定するもので，労働力の対価として賃金を得るという雇用契約の原則を定めているものである。本来は，このような民法たる私法分野において規定することで事足りるはずなのだが，雇用契約を私人間の完全な自由とすると，やはり雇用主側の会社が有利となり，対する労働者側は不利となってしまい，民法のみでは充分に権利を保護することが出来なくなる可能性が高い。そのため，労働者の権利を保護するための法領域が必要となり，労働法が登場することとなったのである。

　社会法には労働法の他にも，経済的強者（大企業）が市場を独占することを防ぎ，経済的弱者（中小企業や消費者）を保護するための独占禁止法（正式名称は，「私的独占の禁止及び公正取引の確保に関する法律」）に代表される経済法や，公的扶助や社会保障に関する規定を定めることで社会的弱者の生存権を確保する社会保障法なども含まれる。

　こうした公法と私法との区分はどのような場面で見受けられるのだろうか。殺人事件を例にして見てみよう（図6.3を参照）。

　まずは，殺人を犯した行為については，国から殺人罪の規定に従い刑法199条の罪に問われる（公法＝刑事罰）。さらに，遺族としては，葬儀費や本来得られるはずであった収入の損失という経済的損害及び大事な家族を失った苦痛や悲しみといった精神的損害を，民法709条に基づき求めてゆくことになる（私法＝損害賠償）。

● 一歩先⑥ ●　　　　　　刑事法と民事法との連関の模索

　現行の日本法では，刑事法と民事法での手続きは分けて行われるが，過去にはある犯罪事件についての刑事裁判に付随して，被害者が民事上の損害賠償を求めることができる制度があった。大正期の刑事訴訟法（1922年（大正11年）公布，1924年（大正13年）施行）では，次のように規定されていた。

> 大正刑事訴訟法567条
> 犯罪ニ因リ身体，自由，名誉又ハ財産ヲ害セラレタル者ハ，其ノ損害ヲ原因トスル請求ニ付，公訴ニ附帯シ公訴ノ被告人ニ対シテ私訴ヲ提起スルコトヲ得。

　これは刑事訴訟（公訴）に附帯して民事訴訟（私訴）の審判を行うことから，附帯私訴（ふたいしそ）と呼ばれていた制度である。附帯私訴により，同一事件における刑事裁判での手続きと民事事件での手続きを並行して行うこととなるため，訴訟手続きでの時間・労力・費用の面での負担軽減につながることが期待されていたものであり，ドイツやフランスの現行法では附帯私訴が制度上存在する。

　しかし，日本では現行の刑事訴訟法の制定に伴い，附帯私訴は廃止となった。これにはいくつかの理由があるが，現行の刑事訴訟法が附帯私訴の制度を有していないアメリカ法を基盤として作られたこと，また公訴手続きの複雑化に伴い附帯私訴の制度が廃止されたこと，さらには附帯私訴が制度として認められていた時期においても附帯私訴があまり利用されていなかったこと，などが指摘されている。

　他方で，現行法でも刑事法と民事法との連関を模索する動きはある。「犯罪被害者等の権利利益の保護を図るための刑事手続に付随する措置に関する法律」における，犯罪の被害者が被った損害を回復するための損害賠償命令を定めている規定（同法23条以下）は，刑事手続きの中で民事上の損害回復を実現する観点から注目されるものといえよう。

　ただ，こうした公法と私法との関係は峻別できるように見えるものの，複雑な現代社会にあっては，その線引きが明確に出来ない部分も存在する。
　例えば，刑法244条に規定されている親族間の犯罪に関する特例がある。

> 刑法244条1項

> 配偶者，直系血族又は同居の親族との間で第二百三十五条の罪，第二百三
> 十五条の二の罪又はこれらの罪の未遂罪を犯した者は，その刑を免除する。

　これは，本来刑法上の罪を犯したならば罰せられるはずだが，親族間で窃盗
や不動産侵奪の犯罪が発生したとしても，刑が免除されることとなっている規
定である。**親族相盗例**ともいわれているこの規定が設けられた背景には，古来
からの法格言として知られる「法は家庭に入らず」を反映したもの，つまり法
が親族間の紛争に関与することを控えるという政策的判断に基づくものと一般
的には解されているが，ここで注目される点は「親族」の文言である。一体，
どこまでの関係が法律上の「親族」に含められるのだろうか。この「親族」に
ついて定めているのが，民法725条である。

> 民法725条
> 次に掲げる者は，親族とする。
> 一　六親等内の血族
> 二　配偶者
> 三　三親等内の姻族

　親族関係は人と人との関係を規律する民法において定められていることが確
認でき，まさに，刑法244条での公法関係の規律に私法の要素が入り込んでい
るといえよう。
　反対に，私法分野に公法の要素が含まれる規定もある。民法744条を見てみ
よう。

> 民法744条1項
> 第七百三十一条から第七百三十六条までの規定に違反した婚姻は，各当事
> 者，その親族又は検察官から，その取消しを家庭裁判所に請求することが
> できる。ただし，検察官は，当事者の一方が死亡した後は，これを請求す
> ることができない。

　不適法な婚姻の取り消しにあたり，当事者・親族の他に検察官が登場することもあり得ることから，公法的な要素も含まれているといえる。

　さらに，他の法文化圏ではこうした公法（刑事罰）と私法（損害賠償）が混ざり合っているものもある。これが，英米法系における懲罰的損害賠償の発想である。懲罰的損害賠償は，イギリス，アメリカ，カナダ，オーストラリア，ニュージーランド，インドなどで見受けられているもので，民事的な損害賠償と刑事的な処罰が一体化しているものである（但し，国や地域により懲罰的損害賠償の認容は一様ではなく，例えば，アメリカではルイジアナ州，マサチューセッツ州，ネブラスカ州，ワシントン州などでは，懲罰的損害賠償は認められていない）。

　**懲罰的損害賠償**は，悪性の強い不法行為をした者に対して，実際に生じた損害の賠償に加え，さらに追加の賠償金の支払いを命ずるものである。これは不法行為者に対して制裁を加え，さらには不法行為を行った者及び他の者に対し，将来における同様の行為を抑止することを目的としている制度である。まさに，民事法上の損害賠償という側面と刑事法上の処罰という側面を併せ持っているというところに特徴があるが，日本では損害賠償の意義は現に被った損害を填補するものであり，不法行為者に対する制裁や将来における同様の行為の抑止を目的とはしていないため，こうした懲罰的損害賠償は否定されている。

　実際に日本で懲罰的損害賠償の適用をめぐり争われた事件では，カリフォルニア州裁判所がアメリカで事業を展開する最中で損失を与えた日本の企業に対し，実際の損害賠償額に加え，懲罰的損害賠償を命じる判決を下したものの，日本の最高裁判所では後者の懲罰的損害賠償は（現在の民事訴訟法118条 3 号に基づき）公の秩序に反するとして，これを退ける判断を下している（最判平成 9 年 7 月11日民集51巻 6 号2573頁）。

　このように見てゆくと，公法と私法の峻別が必ずしも明確ではないことや，法文化圏によっては刑事罰と損害賠償が一体となっている懲罰的損害賠償があることが分かる。公法と私法，或いは刑事と民事との峻別は絶対的なものではなく，相互に関連しているということから，現代社会における公法・私法・社会法の区分の線引きは難しく，そもそも法をこのように区分することの意義が

失われているとの指摘もある。但し，六法では大まかではあるが，公法・私法・社会法で区分しているものもあり（⇒第10章②②），未だにその意義は残っていると考えられる。

・コラム⑨・ 　　　　　　　　外国法へのアプローチ

　外国法で見ると，フランス法では公法に憲法・行政法，私法に民法・商法・民事訴訟法・刑法・刑事訴訟法が含まれるとされる。日本の公法・私法の峻別とは異なる考え方が見て取れるが，これにはフランス法では，民事訴訟法が民法・商法の実体法上（⇒本章③）の権利を実現するための私法の付属法と位置付けられていること，また刑罰とは人身や財物に対する侵害から私益を守ることと捉えられ，私法秩序を補完する法分野として刑事法分野が理解されていることに基づく。

　外国法を学ぶ際には，日本法と比較しながら，両者の法に対するアプローチの相似点及び相違点を理解すると良いだろう。

## ②　強行法・任意法

　法の適用の効果について注目して分類したのが，**強行法**と**任意法**である。強行法とは，当事者の意思に拘わらず，絶対的に適用される法である。任意法とは，当事者の意思により法の適用が排除することが可能な法である。具体的な法文を挙げてみよう。

刑法204条
　人の身体を傷害した者は，十五年以下の懲役又は五十万円以下の罰金に処する。

　この規定は傷害罪を規定した条文であるが，人の身体に傷害を負わせた者は，本人の意思に拘わらず，懲役刑または罰金刑に処される。これは強行法規に属する。では，任意法にはどういうものがあるだろうか。

民法614条

賃料は，動産，建物及び宅地については毎月末に，その他の土地については毎年末に，支払わなければならない。ただし，収穫の季節があるものについては，その季節の後に遅滞なく支払わなければならない。

　動産・建物・宅地の賃料は毎月末の支払いと規定されていることからすると，民法614条に基づき，家賃の支払いは毎月末払いとなる。しかし，当事者同士の話し合いにより，その支払期日を自由に変更することも可能である。これは，**公序良俗**に反しない限りは，民法の**私的自治の原則**に基づき，当事者間でなされた契約が尊重されるということによるものである（⇒第 3 章コラム⑥）。こうした規定は，任意法規に属する。

　強行法には，憲法・刑法・民事訴訟法・刑事訴訟法・行政法が属し，任意法には，民法・商法が属しており，公法と私法との区分と一致する部分がかなり多い。但し，公法に属するものにも任意法規が含まれるし，私法に属するものに強行法規が含まれるものもあるので注意を要する。

　例えば，公法に属する民事訴訟法では，当事者間で第一審の管轄裁判所を合意で定めることが出来るが（民事訴訟法11条），これは任意法規にあたる。また，私法に属する民法では，物権に関する規定（民法175条以下）や親族に関する規定（同法725条以下），相続に関する規定（同法882条以下）は，当事者の意思に関係なく適用される強行法規に該当する（⇒第 5 章一歩先③）。

　尚，強行法と任意法は，さらにそれぞれ2つに細分することが出来る。強行法には，その規定に反する行為の効力を無効とする**効力規定**（例：民法90条）と，規定に反する行為の効力は無効とはならないものの制裁や不利益を被らせる**取締規定**（例：軽犯罪法）とがある。任意法には，当事者の意思表示が不明瞭な場合に一定の意味に解釈するために設けられている**解釈規定**と，当事者の意思表示が欠けている場合に補充するために適用される**補充規定**とがある。前者の例としては，債務不履行の場合に債務者が債権者に支払うべきことを約束した違約金は，損害賠償額の予定と解釈している規定がある（民法420条 3 項）。

後者には，弁済の費用につき特段の意思表示がない場合は，債務者が費用を負担する規定が挙げられる（同法485条）。

## ③ 実体法・手続法

　法規定の内容・性質を基準として分類したのが，実体法と手続法である。実体法とは，法律関係そのものを規定しており，権利義務の発生・変更・消滅・内容・性質・帰属などの権利義務の実体を規定する法である。手続法とは，実体法の運用手段・権利義務の実現手続を定めるもので，権利義務の行使・保全・履行・強制などの手続を規定する法である。主要な法律をこの区分で以って見るならば，実体法には憲法・民法・刑法・商法が，手続法には民事訴訟法・民事執行法・破産法・刑事訴訟法が，該当する。

　民事法の世界で実体法と手続法の関係の例を挙げると，「借りたお金は返さなければならない」という原則の下，100万円を借りたので期日までに返還しなければならない，ということを規定しているのが実体法たる民法である。仮に返還しなければ財産の差押えをする，ということを規定しているのが手続法たる民事執行法である。

　刑事法の世界でも同様である。刑事上の犯罪行為を行ったものは，処罰を受けなければならないことを規定しているのが，実体法としての刑法である。しかし，犯罪の被害を受けた者は，直接加害者に対して処罰することは認められない。これは，自己の権利を自分で守るために自らが執行するのではなく，法的手続きに則らなければならないとする，自力救済の禁止が取られているためである。そのため刑法上の犯罪行為に及んだ者をどのように処罰するのか，という具体的な手続きを定めているのが，手続法としての刑事訴訟法である。

## ④ 固有法・継受法

　法をその成立素材を基準として分類したのが，固有法と継受法である。固有

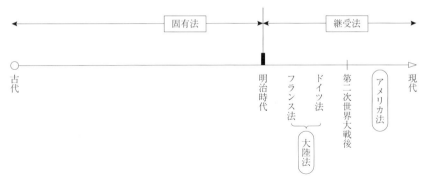

図6.4 固有法・継受法の関係（明治期以降）

法とは，その国固有の社会的基盤を素材として成立した法であり，**継受法**とは，他の国家又は他の民俗の法を移入しそれを資料として制定した法である。継受の際に手本となった法を**母法**，継受して成立した法を**子法**という。日本の法体系を例に，時間軸で以って見てみよう。

　日本は近代国家になるにあたり，19世紀の明治時代に欧米の法体制を継受した。この明治期の法の継受現象を1つの転換点として見ると，図6.4のようになる。

　つまり，明治時代に日本は不平等条約改正を目的として，西洋諸外国の法制度・裁判制度を継受したことから，明治時代以降の法は継受法，そしてそれ以前は日本の固有の法体制が成立していたと見て固有法とすることが可能になる。

　尚，この継受法の時代もより詳細に見てゆくと明治期の近代法継受以外に，もう1つのターニングポイントがある。すなわち，1945年8月にポツダム宣言を受諾して以降のアメリカ法の影響である。戦前までの日本の法体系は，そもそもフランス法の翻訳

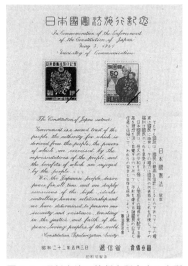

図6.5 現行憲法の施行を記念する小型シート（1947年5月3日発行）

115

事業から西洋法の継受がスタートしたこと（⇒本章コラム⑩），さらにはその後のドイツ法学への傾倒もあり，専らフランス法やドイツ法といった大陸法の影響が強く，対する英米法由来の法は大正期に立法された信託法や陪審法などに止まり（⇒第9章豆知識⑨），その影響はかなり限定的であった。

　ところが，戦後はアメリカを中心とした連合国の占領下に置かれ，軍閥や財閥の解体を行うためにアメリカのGHQ（連合国最高司令官総司令部）が主体となり，抜本的な法制度改革が進められてゆくことになった。最も大きなものとして挙げられるのが現行憲法である。例えば，現行憲法の施行を記念する小型シートが発行された際には，憲法前文の抜粋が和文・英文併せて掲載されていることからもその影響が窺えよう（図6.5を参照）。この憲法により，基本的人権の保障の拡充がなされた。

　新しい憲法の制定に伴い，刑事手続きにおける人権保障と関わる刑事訴訟法

● 一歩先⑦ ● ┌─────── 大日本帝国憲法と現行憲法との違い

　現行憲法の前の，1890年（明治23年）に施行された大日本帝国憲法でも臣民権利義務の章が設けられ，人権の保障はなされていた。但し，法律上一定の制限が加えられ得るものであった。試しに，集会・結社・表現の自由を定める規定を現行憲法と比較してみよう。

| 大日本帝国憲法 | 現行憲法 |
|---|---|
| 29条<br>日本臣民ハ，法律ノ範囲内ニ於テ，言論著作印行集会及結社ノ自由ヲ有ス。 | 21条1項<br>集会，結社及び言論，出版その他一切の表現の自由は，これを保障する。 |

**表6.1**　大日本帝国憲法と現行憲法の対比

　両者を比較する上で注目すべき点として，大日本帝国憲法での「法律ノ範囲内ニ於テ」という文言がある。つまり，大日本帝国憲法下では**法律の留保**を伴うものであり，議会が定めた法律により人権が制限され得るものであったことが確認できる。現行憲法では，大日本帝国憲法で規定されていたような法律の留保は廃止されている。

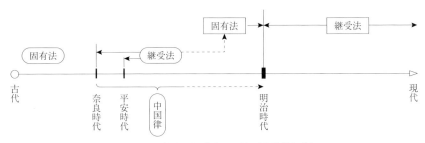

図6.6 固有法・継受法の関係（明治期以前）

や，解体した財閥が復活することを防止するために制定された独占禁止法，さらには人権尊重の観点から労働者の権利保護を主眼とする労働法の分野では，従来の大陸法系の流れを汲むものからアメリカ法的色彩の強いものへと整えられていったと見ることが出来る。

　但し，この明治期を境とした際に，固有法に位置づけられるもののルーツを辿ってゆくと，8世紀の奈良時代や平安時代に中国より取り入れられた**律令制度**（例えば『大宝律令』や『養老律令』などが挙げられる）が基礎にあることが分かる。これは中国から継受した律令制度による法体制が，長い時間をかけて日本において次第に土着化し，固有法となったケースといえよう（図6.6を参照）。

・豆知識⑤・　　　　　　　　現代法にある律の名残り

　現代の日本法は，近代期での西洋諸外国からの継受法を基礎としている。その一方で，中国をルーツとする律由来の規定や概念の名残りも見受けられる。代表的なものとして挙げられるのが，**自首**の規定である。現行刑法では次のような条文が置かれている。

> 刑法42条1項
> 罪を犯した者が捜査機関に発覚する前に自首したときは，その刑を減軽することができる。

　この自首規定のルーツは中国の漢時代まで遡り，唐律・宋律・明律・清律に規定が設けられていた。こうした律の規定は日本にも受け継がれたが，

明治政府は近代期に法典編纂事業を進めるにあたり，刑事法分野は伝統的な律の形式に則ったものを制定する準備を行っていた。それが明治初期に編まれた，仮刑律（1868年（明治元年））・新律綱領（1870年（明治3年））・改定律例（1873年（明治6年））である。

　その中で自首の規定について着目すると，新律綱領では以下のように規定されていた。

> 新律綱領・犯罪自首
> 凡罪ヲ犯シ，事未タ発覚セスシテ，自ラ出首スル者ハ，其罪ヲ免ス。
> （略）

図6.7　ボワソナード

明治政府によって招聘されたフランス人のお雇い外国人，ボワソナード（Gustave Émile Boissonade de Fontarabie, 1825年～1910年）は，日本の近代法継受にあたり，法典編纂や法律家の育成に貢献するなど，大きな役割を果たした人物として知られている。そのボワソナードが，日本で最初の近代型刑法典の編纂に携わった際，「自首ヲ以テ其罪ヲ宥ルスノ原則ハ最［モ］良法ナリトス」と評価し，自首規定を置くことに賛成した。

最終的には旧刑法（1882年（明治15年）施行）では，次のような自首の規定が置かれた。

> 旧刑法85条
> 罪ヲ犯シ，事未タ発覚セサル前ニ於テ，官ニ自首シタル者ハ，本刑ニ一等ヲ減ス。但謀殺故殺ニ係ル者ハ，自首減軽ノ限ニ在ラス。

刑法典の編纂過程で，東洋の伝統的な「律」から西洋の近代的な「法」

へと次第に転換してゆくが，自首の概念はその中でも残され，現代法にまで律の形が見受けられている。

継受法はいくつかの種類に分けて考えることも可能である。1つには，慣習的継受と立法的継受である。**慣習的継受**とは，他の社会において生成・発展した法が別の社会へと移入され**慣習法**の形で行われるものである。ローマ法が近代法へと継受され息づいている現象が例として挙げられる（⇒第5章一歩先⑤）。**立法的継受**とは，他の社会において生成・発展した法を別の社会の新しい法として立法の形で制定するものである。これは，日本が明治期に近代化するにあたり，西洋の法制度を継受し現代に至っていることが該当する。

＊コラム⑩＊　　　　　　　　　「誤訳も亦妨げず，唯速訳せよ」

　現在の日本の法制度は，西洋法を間接継受した結果を基礎として成り立っているが，明治初期に司法改革に取り組んだ江藤新平（1834年～1874年）により，直接継受が模索された時期もあった。

　江藤は，フランスのナポレオン法典の翻訳を行っていた箕作麟祥（1846年～1897年）に対し，「誤訳も亦妨げず，唯速訳せよ」と命じ，さらには「「フランス」民法と書いてあるのを日本民法と書き直せばよい」と述べたことが伝えられている。その後，

図 6.8　江藤新平

江藤は失脚したが，近代法継受期の当初は直接継受も辞さなかった姿勢が窺える（⇒第10章コラム⑬）。

もう1つの区分に，直接継受と間接継受がある。**直接継受**とは，外国法をそのままの形で自国法として採用するものである。直接継受としては，1926年にトルコがスイス民法を翻訳してそのまま継受した例が挙げられる。**間接継受**と

は，移入された外国法を資料として自国の国情に合致するよう修正して制定するものである。日本が明治期に西洋の法制度を参考としつつ，日本固有の慣習と融合した法典を作り上げていった例は，間接継受に含められる。

固有法・継受法の関係は，主に時間軸を中心とした史的要素から見るものである。そのため，法のルーツを探るために重要な意義を持つし，また比較法的側面から条文や規定内容を探る場合にも必要な視点といえる。

• コラム⑪ •｜　　　　　　　　　　現代の法整備支援

法整備支援とは，発展途上国が行う法整備のための努力を先進国が支援することであり，具体的な法令案作成に関する支援の他，法令の執行・運用のための体制の整備及びこれらに従事する法律専門家の人材育成に関する支援を広く含むものである。

日本では，政府開発援助（ODA）の一環として，1996年よりベトナム，カンボジア，ウズベキスタンなどのアジア諸国に対して民商事法分野を中心とする法整備支援の活動が行われた。具体的には，日本から現地国への専門家の派遣，現地国から日本へ招いて研修を実施，法令起草のための人材派遣，といった活動が中心となっている。法律家の交流を通じて，西洋型の法制度を学ぶ姿勢は，近代期の法継受と類似しているものといえよう。

但し，近代の法継受と現代の法整備支援には，大きな相違点がある。まず，近代期に行われた法継受は，不平等条約の改正を目的とする政治的動機付けによるものであったのに対し，現代行われている法整備支援は，専ら市場経済への移行を目的とする経済面の必要性から欧米諸国をモデルとした法体制構築を図っているという違いである。

この動機付けの違いは，影響を与えた法分野にも如実に表れている。つまり，法継受の場合，西洋の法体制や裁判制度を形成するために，憲法・民法・刑法・商法・訴訟法といった幅広い法分野を継受することが行われたが，法整備支援の場合は，民法・商法・企業法などの分野に特化しているという特徴が挙げられる。

## ⑤　国内法・国際法

　法を認定する主体及び法の効力の範囲を基準として分類したのが，国内法と国際法である。**国内法**とは，国家の意思に基づき国内社会を規律する法であり，国家と国民との関係及び国民の相互関係を定めるものである。**国際法**とは国際的団体が法を認定し，国家関係を規律する法である。

　尚，ここでの国際法とは厳密には**国際公法**を意味する。言葉の上で類似しているものに，国際私法がある。**国際私法**とは，国境を越えた親族関係や商取引をめぐるトラブルが起きた際に，どこの国の法律に依拠して紛争解決を行うのかを定めているものである。自国の国内法と他国の国内法が衝突した時に，その抵触を解決するための法規範ということから，国際私法は**抵触法**と呼ばれることもある。

　例えば，中国人男性（22歳）が日本人女性（18歳）との結婚を希望した場合，婚姻適齢を男性22歳・女性20歳と定める中国の婚姻法が適用されるのか，或いは婚姻適齢を男性18歳・女性16歳と規定する日本法（民法731条）が適用されるのか（尚，2022年4月以降は男女とも婚姻適齢は18歳に改められる），という問題である。この時に適用されることとなる法律を**準拠法**と称するが，この準拠法を決める基準を定める国内法として，「法の適用に関する通則法」という法律がある。先の事例では，法の適用に関する通則法24条1項で判断される。

> 法の適用に関する通則法24条1項
> 婚姻の成立は，各当事者につき，その本国法による。

　この規定は婚姻を締結するにあたり両当事者が対等な関係にあることを前提としており，そのため各当事者の本国法が配分的に適用されることとなる。よって，日本人女性は中国婚姻法に照らすと婚姻年齢に達していないものの，男性側には中国婚姻法が，女性側には日本民法が適用され，両者の婚姻が認められるということになる。

日本では，国際私法の分野では，法の適用に関する通則法以外にも，個別の立法として「遺言の方式の準拠法に関する法律」や，「扶養義務の準拠法に関する法律」が制定されている。対する国際公法では，国家間によって締結された**条約**が，法的拘束力を持つものとして大きな意義を果たしている（⇒第5章③②）。

　国内法と国際法の関係で検討を要するのが，国内法と国際法の優劣関係の問題である。様々な見解が提唱されているが，一般的な学説を紹介しておく。

　まず，国際法と日本国内の法律との関係である。こちらは，憲法98条2項の規定に基づき解する考え方がある。

---

**憲法98条 2 項**

日本国が締結した条約及び確立された国際法規は，これを誠実に遵守することを必要とする。

---

　つまり，ここで規定されているように，条約や国際法規を国家機関や国民各自が誠実に遵守する義務を負っていることから，国際法が法律に優先するという立場（**条約優位説**）が有力である。

　次に，憲法と国際法との関係である。憲法には**国の最高法規**としての性格を有しており，全ての法令の最上位にある（⇒第5章③①）。その憲法と国際法との優劣関係は，どのように考えられているのだろうか。いくつかの規定を見てゆこう。

　まずは，憲法99条の規定である。

---

**憲法99条**

天皇又は摂政及び国務大臣，国会議員，裁判官その他の公務員は，この憲法を尊重し擁護する義務を負ふ。

---

　ここでは**憲法尊重擁護の義務**について定められているが，条約を締結する内閣・承認する国会・公布する天皇が何れも憲法を尊重擁護する義務を負っていることが示される。

　また条約の締結手続きを規定する憲法61条と，憲法改正手続きを定める憲法96条（⇒第5章③①）とを比較すると，憲法の改正手続きは要件が厳格となっており，条約の締結手続きは簡便となっている。そのため，憲法が国際法に優先するという立場（**憲法優位説**）が有力である。

<h2 align="center">⑥　一般法・特別法</h2>

　法の効力が及ぶ範囲を基準として分類したのが，一般法と特別法である。**一般法**とは，広く市民一般の行為に関する原則を規定する法であり，**特別法**とは，特定の人・場所・事項などに限定して適用する特例を規定する法である。

　人に着目して一般法と特別法との関係を見ると，国民全体に適用される刑法が一般法，満20歳未満の少年に適用される少年法が特別法，となる。場所に関するものでは，民法や刑法の一般法は広く国内一般に適用されるが，特定の地域に適用される沖縄振興特別措置法や被災市街地復興特別措置法は特別法に位置付けられる。事項に着目すると，広く一般に適用される民法と，民法の規定の中で商人・会社に特化した商法との関係では，前者が一般法，後者が特別法となる。

　但し，この一般法と特別法との関係は相対的であるので，注意を要する。例えば，民法と商法との関係では商法は特別法となるが，商法と銀行法・保険業法といった特定の商事行為及びその関係を規律する法律との関係では，一般の商事行為の原則を定めた商法が一般法となり，銀行法・保険業法は特別法となる（図6.9を参照）。

　また，一般法と特別法との関係には**特別法は一般法に優先する**という原則がある。これは，特別法は一般法の中にある特別の分野の特例を定めており，その分野では

図6.9　一般法・特別法の関係

優先的に適用される，という原則を示しており，まずは特別法が適用され，特別法に規定のない事項につき一般法が補充的に適用されることとなる。

<table>
<tr><td>第 7 章</td><td>法の解釈</td></tr>
</table>

　法律の条文に目を通すと，個別具体的な事象のみに限定して規定している訳ではなく，ある程度幅をもたせて適用することが可能となるように，抽象的な表現が用いられることが多いことに気付く。

　例えば，憲法・民法・刑法など多くの法律に登場する「人」という文言を取り上げてみよう。法文に規定されている「人」という文言には，性別や年齢を問わずあらゆる人が対象に含まれ，当然のように生物学上の「ヒト」と同義のようにイメージを抱くかもしれない。

　しかし，「人」の文言は実は多義的であり，生身の人間以外にも会社などの「法人」というカタチもあり得る。さらに，人の一生の過程をめぐる法的諸問題を取り上げても，人の始期を出生からとするのか，胎児の段階からとするのか，或いは人の終期にあたっても人工呼吸器を装着し脳死の判定を受けた者は「人」となるのか否か，という点をめぐり，それぞれの法分野で様々な学説が展開されている。

**● 一歩先⑧ ●**　　　　　　　　　　　　人の始期と終期

　刑法上，人の始期をめぐる学説としては，①分娩作用の開始として規則的な陣痛が開始した時とする陣痛開始説，②胎児の一部が母体から露出した時とする一部露出説，③胎児の全体が母体から露出した時とする全部露出説，④胎児が独立して呼吸を開始した時とする独立呼吸説，がこれまで提唱されてきた。現在の通説・判例の立場では，一部露出説が採られている（大判大正 8 年12月13日刑録25輯1367頁）。

　人の終期をめぐる学説の動向に目を転じると，①脈拍が不可逆的に停止した時とする脈拍終始説，②呼吸が不可逆的に停止した時とする呼吸終始

説，③心臓の鼓動の停止・呼吸の停止・瞳孔の反応の消失を総合的に考慮して判断する三徴候説，などが示されてきた。通説・判例の立場は，三徴候説となっている。

　但し，人の始期や終期をめぐっては，現在も様々な観点から議論がなされている。例えば，人の終期に関しては，脳死がある。法律上は，臓器移植法（正式名称は，「臓器の移植に関する法律」）において，脳幹を含む全脳の機能が不可逆的に停止したものを脳死とし（同法6条），書面にて生前に臓器提供の意思を表示していた場合などの要件を満たせば，脳死した者からの臓器の摘出が認められている。しかしながら，「脳死」を「人の死」と捉えることについては，死生観や生命倫理とも絡む難しい論点が含まれている。

　医学界での医療技術の発達により，法学の世界でも人の始期・終期をめぐる議論につき，今後検討がなされてゆく可能性があるので，その動向について注目されるところである。

　このため，法文の意味・内容を正確に認識し，現実社会の個別のケースに具体的に当てはめて適用するためには，法文を解釈する必要が出てくる。本章では法解釈の全体像と具体的な解釈の技法につき解説する。

## 1　法解釈の傾向

　法解釈の傾向から見てゆくと，主に立法者の意思や主観を探求する考えとしての立法者意思説と，立法者の意思から独立して客観的に法の内容を解釈するという法律意思説がある。

①立法者意思説（主観説）
　**立法者意思説**とは，法というのは立法者の意思の結実であり，言語的表現で示されるところの立法者の意思を探求し，その考えに従って解釈を行う，という

ものである。立法者の意思を探求するためには，立法当時の草案や国会の議事録，場合によっては立法者が書いた著作物や日記の類も参照することが求められる。

②法律意思説（客観説）

**法律意思説**とは，立法者の意思を離れ，客観的な言語表現で表される法を解釈するものであり，言語法則の許容する範囲内で現代社会に照らして解釈する，というものである。法律意思説によれば，法や社会の進歩に伴い，新しい傾向や思想を可能な限り加味してゆくことを認める立場となる。

　このような学説があるが，現代では法律意思説の立場にたってまずは解釈を行うのが一般的な理解である。というのも，立法者の意思のみを探求すると解釈の幅が狭くなるためである。古い法であればあるほど立法当時の社会状況と現代社会の状況は大きく変化している可能性が高く，場合によっては急激な社会変化がもたらされていることもあり得る。そのため，立法者意思説にのみ立つと，立法者が立法当時に想定しなかった事態が将来発生した際に，解釈を示すのが難しいという事態が発生する。また，立法者の意思を探求するにあたり立法当時の資料が散逸していたり，複数の立法者がいる場合に当事者同士でのやり取りの記録が残されていないケースもあり，立法者の意思を正確に把握することが困難な場合もある。

　こうした点から，独自の客観的視点から解釈を行い，社会的妥当性から判断を行うことが可能な法律意思説によりまずは解釈してゆくことが通説的見解となっている。但し，社会の変化と共に立法者の意思を探ることは現代でも大変意義深いこととされる。現代の日本の法体系は西洋諸外国の法制度を基盤にしていることから（⇒第6章④），海外の法制度と比較する際に立法者がどのような意図を持っていたのか，当時の記録を辿ることが求められるし，例えば，裁判官の個別の意見として，「法解釈の原則は，法文を通常の意味・用法に従って解釈し，それで分明でないときは，立法者の意思を探求することである」（最大判平成9年4月2日民集51巻4号1673頁）と，立法者の意思の重要性につき

言及されていることは注目に値する。立法者の意思についても併せて検討する姿勢が重要といえよう。

## ② 法解釈の区分

法解釈には様々な手法があり，その分類につき色々な見解がある。本書では，次の図7.1のような分類に基づいている。

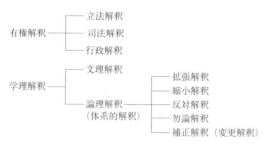

図7.1　法解釈の区分

まずは，法解釈を行う主体による区分として，有権解釈と学理解釈を見てゆこう。

①有権解釈

**有権解釈**とは，国家機関によってなされる解釈である。国家機関による公式になされる解釈であるので，一定の拘束力を持つ。有権解釈は，さらに立法解釈・司法解釈・行政解釈に分類される。

【立法解釈】

**立法解釈**とは，法規によって法文の意味・内容を定めるものである。典型的なものに，民法85条の規定がある。

民法85条
この法律において「物」とは，有体物をいう。

128

　この条項では，民法における「物」の意味を確定する定義が示されているが，このような定義を規定している条項のことを**定義規定**という。定義規定は，他の法令にも置かれており，例えば「商人」の定義（商法 4 条 1 項）や，「労働者」の定義（労働基準法 9 条）に見受けられる。こうした法令用語の解釈は，立法で以って定められている以上，その意味を変更することは出来ない。

【司法解釈】

　**司法解釈**とは，裁判所にて判決の形式でなされる解釈である。例えば，憲法36条での「残酷な刑罰」とは「不必要な精神的，肉体的苦痛を内容とする人道上残酷と認められる刑罰を意味する」と判示した判例（（最大判昭和23年 6 月23日刑集 2 巻 7 号777頁）⇒第 9 章 Case Study⑧）や，刑法175条にいう「わいせつな文書」とは「その内容が徒らに性欲を興奮又は刺戟せしめ，且つ，普通人の正常な性的羞恥心を害し，善良な性的道義観念に反する文書」との解釈を示した判例（（最判昭和32年 3 月13日刑集11巻 3 号997頁）⇒第 4 章 Case Study①）が挙げられる。

　日本は**成文法主義**に立ち，英米法系のように**先例拘束性原理**が法的に確立していないものの，判例は**事実上の拘束力**を持つ（⇒第 5 章④②）。また，上級審の判決はその事件につき下級審の裁判所を拘束するため（裁判所法 4 条），司法解釈も相当の拘束力を持つこととなる。

【行政解釈】

　**行政解釈**とは，行政官庁においてなされる解釈である。上級の行政官庁が下級の行政官庁に対して，法令の解釈・執行の疑義について訓令・通達を発するのが，典型例である（国家行政組織法14条 2 項）。訓令は，所管の機関及び職務運営の基本に関する命令事項を内容としており，通達は，これらの命令事項に関する細目的事項や法令の解釈・運用方針に関する示達事項を内容とする。

　例えば，労働基準法 9 条で定められているところの「労働者」に，インターンシップに参加している学生が含まれるか否かにつき，「直接生産活動に従事

するなど当該作業による利益・効果が当該事業場に帰属し，かつ，事業場と学生の間に使用従属関係が認められる場合には，当該学生は労働者に該当するものと考えられ」る（平成9年9月18日基発636号），という旧労働省が示した解釈があるが，これは行政解釈となる。

こうした行政解釈は官庁の一見解であり，国民や裁判所に対する直接的な拘束力はないが，行政組織の内部で拘束力を持ち，法規の統一的な解釈や運用を確保する役割を担っている。

● Case Study⑤ ●　　　　　　　　　判例から見る法解釈の影響

普段の日常生活を改めて見まわすと，意外と知られていない法解釈が周囲に影響を及ぼしていることがある。ここでは，注目すべき2つの判例を取り上げてみたい。

①電気は「物」

近年，大学生が大学のキャンパス内でスマートフォンやパソコンを充電している光景をよく見かけるが，この行為を法的に考えるとどうなるのだろうか。実は，何気なく充電をしていたとしても，無断で大学生活とは関係のない目的で充電を行うと，電気窃盗により窃盗罪に問われる可能性がある。この点につき，日本の電気窃盗に関する法史的な展開を交えて説明しよう。

旧刑法366条には，「人ノ所有物ヲ窃取シタル者ハ窃盗ノ罪ト為シ，二月以上四年以下ノ重禁錮ニ処ス」との規定があったが，ここでは物ではない電気の窃盗に関しては想定されていなかった。そうしたところ，他人の電線に自分の導線を付着させ，電気を誘引して自ら使っていた者に対して，窃盗罪の成否につき裁判で争われることとなった。

電気は「物」か否かで議論となったが，最終的には刑法上の窃盗罪で対象の目的となる「物」とは，可動性及び管理可能性を有するものとし，電流は有体物ではなくとも容器に収容することが可能であり，蓄積したもの

を所持や移転できることとされたため，他人の電流を不法に奪取する行為は窃盗罪にあたる，との判断が大審院により示されたのである（大判明治36年 5 月21日刑録 9 輯874頁）。

　その後，現行刑法では次の規定が置かれることとなった。

> 刑法245条
> この章の罪については，電気は，財物とみなす。

　この条文に基づき，電気は財物とみなされているので，電気を無断で借用する行為には窃盗罪（刑法235条）が適用される。現行刑法は「法の不知はこれを許さず」，つまり法文の規定を知らなくとも故意責任を問う，という原則に立っているので（刑法38条 3 項），知らず知らずの内に電気を無断で借用した者であっても，電気窃盗の罪に問われることになり得る。

②おからは「産業廃棄物」

　スーパーや店舗などでは，おからを使った食品を目にする機会が多い。おからとは，大豆から豆腐を製造する過程で，豆乳を絞った際に生ずる搾りかすである。栄養価が高いことから，近年注目されている食品である。しかし，おからは法律上は産業廃棄物という扱いとなっている。何故，このような扱いとなっているのだろうか。

　現行法では，廃棄物の処理及び清掃に関する法律 2 条 1 項に「この法律において「廃棄物」とは，ごみ，粗大ごみ，燃え殻，汚泥，ふん尿，廃油，廃酸，廃アルカリ，動物の死体その他の汚物又は不要物であつて，固形状又は液状のもの（放射性物質及びこれによつて汚染された物を除く。）をいう」との定義規定が置かれている。

　ここでいう「廃棄物」につき，かつて厚生省の通達にて「汚物又はその排出実態等からみて客観的に不要物として把握することができるもの」（昭和46年10月16日環整43号）との解釈が示されていた。つまり，客観的に汚物又は不要物と観念できるものが「廃棄物」とされていたのである。その

後，「廃棄物」の基準を変更する解釈が出され，「占有者の意思，その性状等を総合的に勘案すべきものであつて，排出された時点で客観的に廃棄物として観念できるものではない」（昭和52年3月26日環計37号）としたのである。すなわち，主観的な占有者の意思を勘案することになったのである。

　こうした行政解釈を踏まえ，最高裁判所では，「おからは，豆腐製造業者によって大量に排出されているが，非常に腐敗しやすく，（略）食用などとして有償で取り引きされて利用されるわずかな量を除き，大部分は，無償で牧畜業者等に引き渡され，あるいは，有料で廃棄物処理業者にその処理が委託されて」いる，というおからの処理方法という客観的基準と，また争われていたケースでは豆腐製造業者から収集・運搬して処分していたおからにつき処理料金が徴されていたという主観的基準に基づき，おからは産業廃棄物であるとの判断を示したのである（最決平成11年3月10日刑集53巻3号339頁）。

　電気が「物」，おからが「産業廃棄物」というと，実感がわかないかもしれないが，少なくとも法律上は上記のような扱いをされていること，そして法解釈により，我々の日常生活に影響が及んでいることを知ることは重要であろう。

②学理解釈

　**学理解釈**とは，学説による法の解釈である。国家機関によって公に出される解釈とは異なり，学者による個人的な見解であるため，有権解釈と比べると拘束力は強くはないが，通説的見解が立法や司法の場面で取り込まれ，立法解釈や司法解釈になることもある。学理解釈には，文理解釈と論理解釈がある。

【文理解釈】

　**文理解釈**とは，法令の意味を国語的に解する，つまり通常の語法・文法に忠実に従って解釈する方法である。法令は文章で表現される以上，法令を解釈するにはまず書かれてある内容を読み，理解をすることが必要であるので，この

文理解釈を行うのが基本である。

　但し，日本の法令は日本語で表現されているとはいえ，日本語の日常用語と法令で用いられる法律用語には違いもあるため，国語的な解釈と一致しない場面もある（⇒第 4 章豆知識③）。例えば，「みなす」と「推定する」という表現は，日常用語では区分して用いられることはあまりないだろうが，法律用語としては両者は厳密に区別されており，その法的効果は全く異なっている（⇒本章⑥）。類似している表現や言い回しであっても，異なる文言が使用されている際には，その意味合いや法的効果が異なっているので，文理解釈をする際に注意を払う必要がある。


【論理解釈】（体系的解釈）

　**論理解釈**とは，法文を全体的な法秩序に関連して矛盾が無いように論理的に解釈する方法である。これは，ある法文を文理解釈するだけでは必ずしも明確に読み取れない事項につき，他の法文も参照しながら，全体的な法秩序の流れや法の文脈を考慮しつつ，解釈を行うものである。全体的な法体系に関連付けて考慮して解釈を行うことから，**体系的解釈**ということもある。

　論理解釈には様々な種類があり，その区分も立場により一様ではないが，ここでは代表的な論理解釈の技法として拡張解釈・縮小解釈・反対解釈・勿論解釈・補正解釈（変更解釈）を取り上げ，次節で説明する。


## ③　法解釈の具体的な技法

　論理解釈には，様々な技法がある。仮に橋のたもとに「牛車通行止め」という看板がかかっているとしよう（図7.2を参照）。純粋に文理解釈をすれば，牛が車を牽引している牛車が橋を通行できないことになるが，この看板が掛けられている趣旨や背景に照らして他の乗り物が通りかかった場合や，色々なケースを想定し，解釈の具体的な方法を取り上げながら考えてみる。

図7.2　橋と「牛車通行止め」の看板

①拡張解釈

　拡張解釈とは，文理解釈で得られた法文の意味を広げて解釈する手法である。ヤギが車を牽いている乗り物は，「牛車通行止め」の看板がある橋を果たして渡ることが出来るだろうか。一見すると，牛とヤギは別の動物との印象を受けるが，生物学上，ヤギはウシ科の動物群に分類されることもある。そこで，看板に書かれてある「牛」の文言を広げ，「ウシ科」の意味に拡張し，ヤギにも適用して通行止めと解釈するのが，拡張解釈である。

　実際のケースでは，器物損壊罪（刑法261条）の「損壊」をめぐる文言につき，拡張解釈が用いられたものがある。損壊というと，物理的に破壊する行為がイメージされるところである。では，茶碗に放尿した者を器物損壊罪に問うことは可能だろうか。文理解釈では，物理的に茶碗を破壊しているわけではないので罪に問うことが出来ないこととなるが，裁判所は「損壊」の文言を，単に物質的にその物の形態を変更した場合のみではなく，心情的にその物を本来の目的として使用できなくなるような行為までをも含むとして，意味を拡張して解釈したのである（大判明治42年4月16日刑録15輯452頁）。


②縮小解釈

　縮小解釈とは，文理解釈で得られた法文の意味を限定的に狭めて解釈する手法で，拡張解釈と対をなす考え方である。牛車は通行できないとなっているところ，子牛が牽引している車が通りかかったとしよう。確かに子牛も牛であるから，子牛が牽引している車は広い意味で牛車に含まれるが，子牛の車は通行しても問題ないと判断されるならば，通行を許可するというのが，縮小解釈の手法となる。

　夫婦間の契約の取消権（民法754条）をめぐり，縮小解釈が用いられた事例が

134

ある。当該規定によると，「婚姻中」に夫婦間でした契約はいつでも取り消すことが出来る。文理解釈では，夫婦関係が破綻していたとしても離婚していなければ婚姻中となるが，裁判所は「婚姻中」の文言を，「単に形式的に婚姻が継続していることではなく，形式的にも，実質的にもそれが継続していることをいうものと解すべきである」として，その意味を縮小して解釈し，実質的に婚姻関係が破綻している場合には夫婦間の契約を取り消すことが出来ない，と判示した（最判昭和42年 2 月 2 日民集21巻 1 号88頁）。

### ③反対解釈

**反対解釈**とは，法文に規定してある事項は，その規定以外の事項には及ばないと解するものである。牛車が通行止めと書かれてある以上は牛車のみが通行できないので，反対に牛車以外の乗り物は通行できることになる。そのため，たとえ牛車と重量や大きさが同じような人力車や馬車であっても，反対解釈に基づいて通行が認められる。

実際の訴訟で，条文の反対解釈が扱われた事例がある。受刑者に対する差入れにつき，かつて監獄法施行規則には，差入れ人の氏名・職業・住所・年齢及び在監者との続柄を調査し，その調査の結果として差入れが在監者の処遇上害があると認められる時には差入れを許さない，との規定が置かれていた（同規則146条）。そうしたところ，差入れ人と受刑者との関係が不明だったことを理由に刑務所長が差入れを認めなかったことに関連し，東京高等裁判所では監獄法施行規則146条の規定を反対解釈，つまり害があると認められる時には差入れを許さないので，害があると認められない時には差入れを許可しなければならない，として刑務所長の行動は違法であったとした（東京高判昭和56年11月25日行集32巻11号2084頁）。

因みに，最高裁判所は後にこの反対解釈に基づく判断を覆した。最高裁判所では，当該規定は差入れが在監者の処遇に害があるか否か不明である時にまで差入れを許可すべきことまで定めたものとは解することが出来ず，刑務所長の裁量により差入れの可否を判断することが可能であると判示した（最判昭和60

135

年12月13日民集39巻 8 号1779頁）。

④勿論解釈

　　**勿論解釈**は，反対解釈の対となるとされているもので，法文に規定されていない事項であっても，その性質や立法の精神に照らして当然に必要と思われる場合に，法文の規定と同様の法律効果を認める手法である。先の例でいくと，そもそも牛車の通行が許可されていないのは橋の重量制限によるものと推測できるので，人力車や馬車のようにいくらその車を牽引しているのが人や馬であるからといっても，牛車と同様の重量や大きさのものは勿論通行が認められないと解されるものが該当する。

　　判例では，憲法29条 3 項を勿論解釈したものが知られている。憲法29条 3 項では，「私有財産は，正当な補償の下に，これを公共のために用ひることができる」と規定されている。この規定は，私有財産を公共のために強制的に制限・収用することが出来ること，そしてそのためには正当な補償を要する，ということを意味している。例えば，公共事業のために土地が収用され，土地の所有者が損失を受けた場合は，その補償を受けることとなる。では，予防接種のワクチン接種により，死亡や後遺症の事故が発生した場合はどうなのだろうか。こうした事例につき判例では，財産権を侵害するのに補償が行われるのならば，財産権よりも重要な生命・身体に対して侵害がなされた場合は，当然にその補償がなされるべきである，と憲法29条 3 項の勿論解釈により，損失補償を認める立場が示されている（大阪地判昭和62年 9 月30日判時1255号45頁）。

⑤補正解釈（変更解釈）

　　**補正解釈**とは，文理解釈による法的効果が明らかに誤っているものや，用語が誤って使われているのが明白な場合に，法文の一部を修正・変更して適用する解釈方法である。看板に「午車通行止め」と書かれていた場合はどうであろうか。「午」は十二支の表記での「ウマ」と純粋に読めるので，文字通り適用すると馬車が通行止めとなり，牛車は通行できそうである。しかし，馬が牽く

車の場合は「馬車」と表記するのが一般的であり，「午車」との表記はあまり
ないことからすると，「午車」は「牛車」の誤植の可能性が高く，その認識の
下で牛車の通行が認められないと解するのが，補正解釈である。

　現在，日本では専門家が立法を行うため，法令に文言が誤って用いられるも
のはあまりないが，例えば省庁の再編に伴うところで，法令の文言に補正解釈
を施す場合がある。法令上は旧通商産業省の名称が用いられているところを，
現在の経済産業省に変更して解釈する，といったケースが挙げられよう。この
ように文言を修正・変更して適用することから，補正解釈を**変更解釈**と称する
こともある。

● 豆知識⑥ ●
### 過去の法令と現代社会への適用

　過去に立法された古い法令を現代社会に適合させるように解釈すること
がある。例えば，2005年に改正されるまでの商法には，43条1項に「番頭，
手代其ノ他営業ニ関スル或種類又ハ特定ノ事項ノ委任ヲ受ケタル使用人ハ，
其ノ事項ニ関シ一切ノ裁判外ノ行為ヲ為ス権限ヲ有ス」との規定が置かれ
ていた。

　「番頭」・「手代」は，1899年（明治32年）に商法が制定された際の用語で
あるが，現代の社会では馴染みが薄い。そこで現代の職制に照らし，同項
の番頭・手代には部長・課長・係長・主任などが該当するものとして解釈
がなされていた。このケースは，補正解釈に近いものと指摘されている。

　尚，現行法では「番頭」・「手代」の名称はなくなり，代わりに「ある種
類又は特定の事項の委任を受けた使用人」の名称が用いられている（商法
25条）。

### ④　類推適用

　**類推**とは，法文に直接規定されていないものの，類似する内容・性質を有す
る規定を適用し，その効果を認めることを指す。類推は法文に直接書かれてい

ないこと，つまり法の欠缺を前提にしていること，さらに本来的には異なる事
項を定めている法文の中で，類似している部分を見出して当てはめて適用する
ことから，解釈の技法とは区別する見解が有力である。

　類推適用の分かりやすい事例としてしばしば取り上げられるのが，民法711
条を類推適用して，被害者の夫の妹に慰藉料請求権を認めた判例である（最判
昭和49年12月17日民集28巻10号2040頁）。そもそも民法711条では，次のように規
定されている。

---

民法711条

他人の生命を侵害した者は，被害者の父母，配偶者及び子に対しては，そ
の財産権が侵害されなかった場合においても，損害の賠償をしなければな
らない。

---

　同条では，近親者に対する損害賠償が認められる者として，被害者の父母・
配偶者・子ども，と規定している。これに対して，最高裁判所は「不法行為に
よる生命侵害があつた場合，被害者の父母，配偶者及び子が加害者に対し直接
に固有の慰藉料を請求しうることは，民法711条が明文をもつて認めるところ
であるが，右規定はこれを限定的に解すべきものでなく，文言上同条に該当し
ない者であつても，被害者との間に同条所定の者と実質的に同視しうべき身分
関係が存し，被害者の死亡により甚大な精神的苦痛を受けた者は，同条の類推
適用により，加害者に対し直接に固有の慰藉料を請求しうるものと解するのが，
相当である」と判断した。つまり，本来は民法711条の法文の文言からでは被
害者の夫の妹は慰藉料の請求が認められる立場にはないのだが，裁判所は被害
者と被害者の夫の妹は親子関係に似ているものと捉え，慰藉料請求権を認めた
のである。これが，類推適用の効果になる。

　民事法の領域ではこうした類推適用が許されるものの，刑事法の領域におい
ては，**罪刑法定主義**があるため類推適用は禁止される（⇒第5章豆知識④）。例
えば，刑法134条1項では次のように規定されている。

刑法134条１項

医師，薬剤師，医薬品販売業者，助産師，弁護士，弁護人，公証人又はこれらの職にあった者が，正当な理由がないのに，その業務上取り扱ったことについて知り得た人の秘密を漏らしたときは，六月以下の懲役又は十万円以下の罰金に処する。

　当該規定は他人の秘密を漏示した罪を規定している条項であるが，ここでは職種が限定されているところに注目してみたい。医療関係に従事する者としては，医師・薬剤師・医薬品販売業者・助産師が挙げられるが，ここには看護師は含まれていない。そのため，罪刑法定主義による類推適用の禁止により，看護師に刑法134条１項の効果を適用することは認められない（但し，保健師助産師看護師法にて，罰則規定が設けられている）。

● Case Study⑥ ●　　　　　　　　　　刑事法と類推適用

　拡張解釈は単に書かれてある法文の文言の意味を拡張するのに対し，類推適用はそもそも法文には直接書かれていない事項につき，類似する性質を見出して適用する点で異なる。つまり，前者は法の存在が前提となっているが，後者は法の欠缺を埋める作用を果たしているという違いがある。

　しかし，拡張解釈と類推適用の境は，現実的にはその判断が難しい。ここで，しばしば見解が分かれる裁判例として指摘されるガソリンカー事件を見てみよう（大判昭和15年８月22日刑集19巻540頁）。

　事件は，鉄道会社の乗務機関手がガソリンカーを運転中に遅延を取り戻すためにスピードを上げたところ，制限速度を超えてカーブに差し掛かったため車両が転覆，車両が一部破壊され，また多数の乗客が死傷したケースであった。本件では，刑法の過失往来危険罪が適用されるか否か，が争点となった。過失往来危険罪は，次のように規定されている。

刑法129条１項

過失により，汽車，電車若しくは艦船の往来の危険を生じさせ，又は

汽車若しくは電車を転覆させ，若しくは破壊し，若しくは艦船を転覆
させ，沈没させ，若しくは破壊した者は，三十万円以下の罰金に処す
る。

同条2項
その業務に従事する者が前項の罪を犯したときは，三年以下の禁錮又
は五十万円以下の罰金に処する。

　刑法129条の規定に従うと，業務上の過失により陸上を走る「汽車」若
しくは「電車」を転覆させた者は，過失往来危険罪に問われる。では，当
該事件のように，鉄道会社の乗務機関手が業務上の過失により，乗客を乗
せた「ガソリンカー」を転覆した場合は，罪に問われるのだろうか。

　刑法の条文を文理解釈をすると，文字通り蒸気を動力源とする汽車，電
気を動力源とする電車を転覆した者が罰せられることとなるので，ガソリ
ン・エンジンを動力源とするガソリンカーを転覆した者には適用されない
ことになる。しかし大審院は，交通往来の安全を維持するという趣旨から
は汽車の代用であるガソリンカーに対して刑法129条の適用を除外する理
由はなく，汽車とガソリンカーは単に動力の種類が異なるのみであり，共
に鉄道路線上を運転し多数の貨客を迅速安全に運輸する陸上交通機関とし
ては同一であることを理由に，ガソリンカーも汽車に含まれると判示した。

　条文に規定されている「汽車」の文言をめぐり，大審院は鉄道路線上を
運行する陸上交通機関としては同一のものであるとして，ここには「ガソ
リンカー」まで拡張して含まれるとの解釈を示した。そのため，ガソリン
カー事件の判例は拡張解釈の例として取り上げられることがある。

　但し，そもそも刑法129条では，鉄道路線上を運行する陸上交通機関と
してわざわざ「汽車」・「電車」とを区別して明記していることに着目する
と，本来は「汽車」とは蒸気を動力源としているもの（すなわち蒸気機関
車），「電車」とは電気を動力源とするもの（刑法制定時には路面電車を指して
いたとされる）を意味しており，動力源の違いを法文の中で厳密に使い分

けていたと見ることが出来る。

　とすると，蒸気機関車によって牽引される車両である「汽車」に，本件のように法文には規定されていないにも拘らず，ガソリン・エンジンを動力源とする「ガソリンカー」に当てはめて適用したものは類推適用ではないか，という疑いも指摘されている。実際，事件の判決が出された1940年（昭和15年）と同年に出版された交通史に関する本においても，「汽車」・「電車」・「ガソリンカー」はそれぞれ別の乗り物として，紹介されている。

**図7.3　汽車とガソリンカーを写したポストカード**
日本では，品川〜横浜間を1872年（明治5年）に蒸気機関車が最初に走った。左側の写真の汽車は日本最古の機関車を映したものである。右側の写真に写っているガソリンカーは，昭和前期にかけて日本各地で走っていたものの，太平洋戦争でガソリンの確保が難しくなったことや，事故の際にガソリンに引火する危険性から，次第に現在のディーゼルカーへと変わっていった。

　抽象的な表現が用いられている法文を解釈し，実際の事件にどのようにあてはめているのか，という点ではなかなか難しいものもあるので，数多くの判例に接しながら，法解釈の独特の技法を身につけてゆくことがカギとなるだろう。

## 5　法的三段論法

　抽象的な表現により書き表されている法文を解釈し，様々な事案にこれをあてはめてゆくことになるが，このように事案に対して法文をあてはめることを，**法の適用**と称する。

　法の適用に際して，司法の場で行われる手法として用いられているのが，**法**

① 大 前 提（法 規 範）

⇩

② 小 前 提（事　　実）

⇩

③ 結　　論（判　決）

図 7.4　法的三段論法

的三段論法である。法的三段論法とは，大前提と小前提から結論を導き出すものであるが，そのイメージについては，まずは図 7.4 を参照して頂きたい。

　まずは，①**大前提**として法規範がある。ここでは，具体的に刑法の傷害罪（⇒第 6 章②）を例にしてみよう。

　刑法204条では，故意に他人の身体を傷つけた場合は，15年以下の懲役刑又は50万円以下の罰金刑に処されることが規定されている。そして，②**小前提**として事実を認定することが求められる。例えば，AがBに対し物理的な力を加えてBを骨折させた場合では，裁判では証拠からその事実を認定することとなる。以上のことから，③**結論**が導き出され，よってAは刑法204条に基づき処罰を受ける，との判決が下される。

　つまり，法規範を具体的な事実にあてはめ，判決という形式で結論を導き出すのが，法的三段論法の構図となる。

## 6　擬制と推定

　以上のように，法文を解釈し，それを適用する作業が法学の世界では重要なポイントとなってくる。その過程で注目されるのが，自然科学の法則とは異なるものを，利益衡量の観点から社会科学のルールにてあてはめ，擬制や推定の作用を及ぼしているという，法学の特徴が垣間見えることである（⇒第 1 章②）。擬制と推定につき，それぞれどのような作用が及ぶのかを見てゆこう。

①擬　制

　法文を見てみると，見出しに「擬制」という文言が使われているものがある。民事訴訟法158条（訴状等の陳述の擬制）・同法159条（自白の擬制）や，外国等に対する我が国の民事裁判権に関する法律 6 条（同意の擬制），労働審判法22条（訴え提起の擬制）などである。この**擬制**とは，そもそも本質的に異なっている

ものを，ある一定の条件の下で同一のものとして扱い，法的効果を生じさせることを意味する。法文としては「みなす」や「見做す」という文言が用いられることから，これをみなし規定と称する。

　みなし規定による擬制は，そもそも事実が異なっていることを理解した上で法的効果を被せるので，後にその事実と異なることが立証されたとしても，その法的効果を覆すことが出来ない。具体的な条文で見てみよう。

---

民法886条 1 項

　胎児は，相続については，既に生まれたものとみなす。

---

　胎児とは，生物学上はまだ生まれていない子どもの状態であるが，法律上は相続に関する規定は胎児を生まれたものとして扱い，胎児にも相続を認めている。つまり，みなし規定による擬制が行われているので，他者が「胎児はそもそも生まれていないのだから相続を認めるのはおかしい」と主張したとしても，その法的効果が覆ることはなく，胎児には相続が認められる。但し，同条 2 項にあるように，胎児が死産となった場合は，認められない。

　胎児に相続を認めるように擬制している背景には，民法 3 条 1 項の規定との整合性がある。

---

民法 3 条 1 項

　私権の享有は，出生に始まる。

---

　権利の享受は出生に始まるので，本来胎児は権利を享受できないことになる。しかし，これでは胎児にとって不利益が生ずる可能性がある。例えば，胎児が母体にいる間に父親が死亡した場合，胎児が亡き父親の遺産を受け取れない，といった事態が想定される。そこで，胎児は生まれてはないものの，まもなく生まれて来るので権利を享受できる前段階にあるものと捉え，法的には一定の場合に生まれた子どもと同一に扱うように出生擬制を行うことを規定している。

　相続の他に，不法行為に基づく損害賠償請求（民法721条）や，遺贈（同法965条）でも胎児は生まれたものとみなし，権利能力を有するものと扱っている。

ローマ法で「胎児は，その利益についてはすでに生まれたものとみなされる」という法格言があったことからも，この精神が現代にまで受け継がれたものとみることが出来よう。


②推　定

　擬制と似て非なるものに「推定」がある。**推定**というのは，事実関係が不明な場合に，法令が取扱いや事実関係を一応確定させ，法的効果を生じさせることを意味する。法文としては，「推定する」という文言が用いられる。

　推定は，法令が一応確定させる働きをするので，仮に事実関係が推定と異なることが明らかになった場合は，その推定を覆すことが出来る。こちらも具体的な条文から見てみよう。

> 民法772条１項
> 妻が婚姻中に懐胎した子は，夫の子と推定する。

　まず，民法772条１項は**嫡出推定**の規定であるが，これは夫婦が婚姻中に妻が懐妊した場合，その子を夫の子と推定することを意味している。その子は**嫡出子**と呼ばれる。但し，あくまでも推定なので，事実関係が異なっていれば推定が覆る。夫が嫡出否認の訴えを提起し（同法774条・775条），仮に夫の子でないことが明らかとなった時には，嫡出子として扱われないことになる。

　推定に関する他の規定としては，民法32条の２がある。

> 民法32条の２
> 数人の者が死亡した場合において，そのうちの一人が他の者の死亡後になお生存していたことが明らかでないときは，これらの者は，同時に死亡したものと推定する。

　この規定は，自然災害や大きな事故が発生し，数人が死亡した場合に死亡の順位次第で相続関係に大きな差が生じないように設けられたものであり，**同時死亡の推定**と呼ばれる規定である。日本民法の規定では，財産を相続するにあ

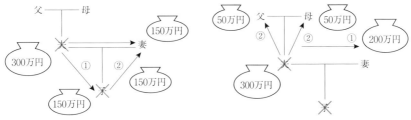

図 7.5　相続関係（夫が先に死亡した場合）　　図 7.6　相続関係（子どもが先に死亡した場合）

たり配偶者は常に相続人となり（民法890条），他の血族相続人に子ども・直系
尊属・兄弟姉妹も該当するが（同法887条 1 項・889条 1 項），その順位と法定相続
分につき差が設けられている。

　まず，夫が先に死亡したとする（図 7.5 を参照）。そうすると，

- 夫の財産（300万円）を半分ずつ妻と子どもが相続するので，150万円ずつを
　相続する。
- 子どもが死亡すると，妻が子どもの財産となった150万円を相続する。
- 結果として，夫の財産であった300万円は全て妻のものとなる。

という流れになる。

　次に，子どもが先に死亡した場合を考えてみよう（図 7.6 を参照）。そうする
と，

- 子どもの財産を夫妻が相続する（今回は子どもの財産がなかったものとする）。
- 夫が死亡すると，妻が夫の財産の 3 分の 2 である200万円を相続する。
- 夫の両親が財産の 3 分の 1 である100万円を相続し，50万円ずつに均分され
　る。

　このように，財産を相続するにあたり配偶者と，他の血族の相続人との組み
合わせによって差があり，子どもとの場合はそれぞれ 2 分の 1 となるが（同法

145

900条1号），直系尊属との場合は配偶者が3分の2，直系尊属が3分の1という割合になる（同法同条2号）。

　以上のように，財産を相続する際には，被相続人の死亡時や順番が大きく関係してくる。自然災害や大きな事故が発生し，数人が同時に死亡した際に，無論医学的には死亡の順序において時間的に差があり得るかもしれないが，そうするとその時間差に伴う相続の法的効果が著しく異なってしまう。そこで，死亡の確固たる順序が不明な場合，法的には同時に死亡したものと推定し，法的安定性を保つこととなっている。

　但し，あくまでも同時に死亡したものと推定しているので，仮に死亡の時間が数分でも前後のズレがあったと立証されれば，その推定が覆ることになる。

| 第**8**章 | 法の効力 |
|---|---|
| | |

　自然法は，時代・場所を超えて普遍的妥当性を持つので，その効力が及ぶ範囲に制約がないというのが原則である。対する人為的に作られるところの**実定法**では，その効力の及ぶ範囲に限界が生まれる（⇒第4章コラム⑦）。

　日本でも毎年多くの法令が制定されたり，改正されたりするが，その法令の効力がどこまでの範囲に及ぶのかという点は，重要となる。ここでは，時間・人・場所という3つの側面から，法の効力を捉えてゆく。

## ⑴　法と時間

　まずは，時間という側面から法の効力がどこまで及ぶのかを見てみよう。

①法の効力の始期

　法がどの時点で効力を持つようになるのかは，法のカタチにより異なる。**不文法**では，同様の法的行動が繰り返され，さらに蓄積されたことにより，客観的に法として認識されると効力を持つ。

　例えば，**慣習法**では人々の行動が模倣・反復・継続されることにより，その社会構成員の行為として法則化しているものと認められるにまでに至った状態となるし，**判例法**では裁判所が具体的な事件を解決するために下した判決が，後の同種の事件の際に同様な解釈のために用いられるものになったことで効力を持つようになったといえよう（⇒第5章④①・②）。

　対する**成文法**では，施行の日から廃止されるまでの間，効力を有することとなり，その期間については明文で規定されるところに特徴がある。日本では，特別な定めがある場合を除き，衆議院・参議院の両議院で法律案が可決された

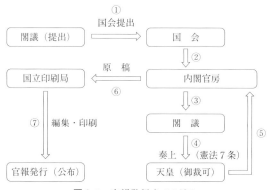

**図 8.1　官報発行までの流れ**

際に法律として成立する（憲法59条1項）。否決された場合は，衆参両院の両院協議会が開催され調整が行われるが，衆議院で出席議員の3分の2以上の再可決により法律案が成立することもある（同法同条2項）。これは，法律案の議決に対しては**衆議院の優越**が認められていることに基づく。

　しかし，法律案が成立しただけでは法としての効力はなく，公布された後に施行されることで初めて法としての効力が生ずることになる。**公布**とは，成立した法律を国民に知らしめるために公示することを指すが，その際のツールとしてあるのが官報である。**官報**とは，法律・政令・条約・最高裁判所規則・府令・省令・国の機関としての報告・法例の規定に基づく各種公告などが掲載され，行政機関の休日を除き国により発行される新聞である。

　官報が発行されるまでの流れは，図8.1の通りである。尚，奏上から公布までは30日以内でなければならないこととなっている（国会法66条）。

　官報の形式となる以前の明治初期にかけては，国民に法令を周知伝達する方法として，一時的に木の板に内容を記した高札を掲げる手法が用いられた。

　例えば，図8.2は1868年（慶應4年）3月に明治新政府により立てられた，永世不変の法令として「定」3札，一時的に適用される法令として「覚」2札，の合計5つの高札である五榜の掲示の内，「定」の第一札のものであり，次のように記されている。

図 8.2　高札―五榜の掲示第一札

> 定
>
> 一　人たるもの五倫之道を正しくすべき事
> 一　鰥寡孤独廃疾のものを憫むべき事
> 　　（かんか）
> 一　人を殺し家を焼き財を盗む等の悪業あるまじく事
>
> 慶應四年三月　　　太政官

　それぞれ，五倫の道を正しくすること，鰥寡孤独廃疾の者を憐れむこと，殺人・放火・強盗などの悪業を禁止すること，を意味する項目が記されていた。

　やがて，次第に高札から文書のカタチで行われてゆくこととなった。官報の起源は1883年（明治16年）7月2日に遡り，現在まで発行されている（図8.3を参照）。尚，連合国による占領期間中はGHQからの指令により，1946年4月4日からサンフランシスコ平和条約（正式名称は，「日本国との平和条約」）が発効した1952年4月28日までは，英文官報 "Official Gazette English Edition" が発行されていた（図8.4を参照）。

　かつては公文式（1886年（明治19年）2月勅令第1号）や公式令（1907年（明治40年）1月勅令第6号）にて，法令は官報により公布されるとの明文規定があった。現在は法令の公布方法について定めた明文規定は置かれていないが，官報に登載されたことにより法令が公布されることとなる旨が判示されている（最大判昭和32年12月28日刑集11巻14号3461頁）。また，東京都官報販売所又は印刷局官報課で官報を閲覧・購読し得る状態となる午前8時30分を以って公布されたこととなる（最大判昭和33年10月15日刑集12巻14号3313頁）。

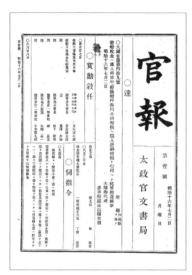

図8.3　官報1号

## OFFICIAL GAZETTE
ENGLISH EDITION　　GOVERNMENT PRINTING BUREAU

No. 1　　　　　　　　　　　　THURSDAY, APRIL 4, 1946

### MILITARY ORDINANCE

We hereby order abrogation of the Naval Vessel Ordinance, etc., as well as enforcement of this said abrogation.

Imperial Sign Manual and Imperial Seal.
2 April, the 21st year of Showa (1946).
Countersigned by Baron Kijuro Shidehara, Minister of Second Demobilization Department

Ordinance KAI No. 1

The Naval Vessel Ordinance, and the Destroyer Division, Submarine Division, Gunboat Division, Escort Division, Transport Division, Torpedo-boat Division, Mine-sweeper Division and Submarine Chaser Division Ordinances shall be abrogated.

Supplementary Provisions:

This Ordinance shall be applied as from 1 April, the 21st year of Showa (1946).

In respect of Naval Vessels which are in foreign waters at the time of application of this Ordinance, the old Ordinance shall be in effect until the removal of such vessels from the Special Transport Vessel and Minesweeper lists, even after the date of application of this Ordinance.

### MINISTERIAL ORDINANCE

Ministry of Finance Ordinance No. 18

April 4, 1946

The following revision shall be made on the Ministry of Finance Ordinance as issued for the implementation of the Liquor Tax Law.

Minister of Finance
Viscount Keizo Shibusawa

In the art. 3; "Five (5) yen fifty (50) sen" shall be revised as "two (2) yen fourty (40) sen"

Supplementary Provisions:

The present Ordinance shall come into force from the date of promulgation.

The old provision shall still be effective in respect of the abatement of liquor tax collectible on the liquors which has been produced of alcohol, as its ingredient, as gained at the price which was effective up to 2nd of March, 1946.

The Regulation of Ministries of Finance, Foreign Affairs and Justice No. 2

April 4, 1946

The Regulation of the Ministries of Finance, Foreign Affairs, Home Affairs and Justice No. 1 of the 20th year of Showa shall hereby be amended as follows.

Minister of Finance
Viscount Keizo Shibusawa
Minister of Foreign Affairs
Shigeru Yoshida
Minister of Justice
Chuzo Iwata

The following thirteen clauses shall be added so the attached schedule.

32. Japan-Manchukuo Trading Co., Ltd.
33. Manchurian Iron Steel Co., Ltd.
34. Mitsuran Coal Mining Co., Ltd.
35. Manchurian Magnesium Co., Ltd.
36. Manchurian Light Metal Co., Ltd.
37. Anrou Light Metal Co., Ltd.
38. Manchurian Light Metal Co., Ltd.
39. Kysan Iron Ore Co., Ltd.
40. Tsuruoka Coal Mining Co., Ltd.
41. Fushin Coal Mining Co., Ltd.
42. Seien Coal Mining Co., Ltd.
43. Manchurian Moving Picture Association, Co., Ltd.
44. Manchurian Aeroplane Factory Co., Ltd.

Supplementary Provision:

This regulation shall come in force on the day of its promulgation.

The Regulation of Ministries of Finance, Foreign Affairs and Justice No. 3

April 4, 1946

The Regulation of the Ministries of Finance, Foreign Affairs and Justice No. 1 of the 21st

図8.4　"Official Gazette English Edition" No. 1

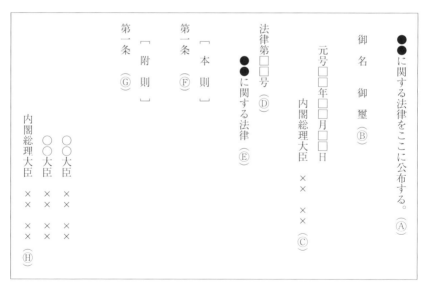

図8.5　官報の記載例

　官報への記載方法は，図8.5のように一定の形式で行われる。

Ⓐ公布文

　法令を公布する旨の文章が記される。

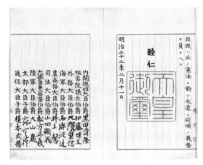

図8.6　大日本帝国憲法での御璽

Ⓑ天皇の親署・御璽

　法律・条約・政令は天皇の国事行為により公布され（憲法7条1号），天皇が親署した上で御璽を押す。

　**御璽**とは天皇の印章のことであり，「天皇御璽」と刻されている（図8.6を参照）。

Ⓒ内閣総理大臣の副署

　元号で日付を記し，内閣総理大臣が副署する。

Ⓓ法令番号

　法律が公布される際には，暦年毎に法律番号が第1号から順に附される。政令には政令番号が，省令には省令番号が，それぞれ附されることとなっており，これらを**法令番号**と称する。

Ⓔ題　名

　法令の題名につき，法律の場合は「●●法」或いは「●●に関する法律」という**題名**が附されることが多い。一部改正の場合は「●●法の一部を改正する法律」とし，全面改正の場合は題名の次に「●●法の全部を改正する」という制定文が入れられる。法令の廃止の場合には「●●法を廃止する法律」とされるのが一般的である。

　尚，題名が附されていない古い法令の場合は，公布文の文言を題名の代わりに用いることがある。例えば，「決闘罪ニ関スル件」，「失火ノ責任ニ関スル法

律」（⇒第1章②），「年齢計算ニ関スル法律」などがある。こうした題名の代わりに，便宜上公布文の文言で附されているものを**件名**という。

Ⓕ**本　則**

　公布される法令の内容を規定している。本則では，まず当該法令の制定趣旨や目的を明確化するために目的規定・趣旨規定を定め，次いで法令上の用語の意味を定める**定義規定**が置かれることが多い（⇒第7章②①）。

Ⓖ**附　則**

　附則は本則とは独立しているものとして扱われるので，第1条から条文が置かれる。附則には，法令の施行期日を定める規定が置かれる。**施行**とは，実際に当該法令の効力が発生することをいう。

　公布日から即日施行させる法令もあるが，罰則を伴う場合のように，国民生活に重要な関係をもたらす法令は，国民に周知させるために一定期間を置くものもある。附則に施行期日に関する規定が置かれていない場合でも，法律は公布日から起算して20日（法の適用に関する通則法2条），条例は公布日から起算して10日（地方自治法16条3項），を経過すると施行するようになっている。

　また，当該法令の制定に伴い他法令の改正や廃止が必要な場合はその旨を定める条項，一定の期間を経ると効力が失われる限時法の場合は当該法令の終期を定める条項，などが規定されることもある。

Ⓗ**署名・連署**

　最後に，主任の大臣が署名し，内閣総理大臣が連署する（憲法74条）。主任の大臣とは，法律の定めるところにより行政事務を分担管理している大臣のことである（内閣法3条1項）。大臣の署名の順序も決まっており，国家行政組織法別表第一に掲げられている順による。内閣総理大臣は大臣の後に連署するが，内閣総理大臣が主任大臣の場合は，署名と連署を兼ねて，内閣総理大臣は先頭に署名をする。

• 豆知識⑦ •　　　　　　法令の施行期日をめぐる今と昔

　現在は，インターネットに接続しさえすれば，誰しもがその場で手軽に官報に記載されている事項や法令が効力を持つこととなる施行期日を確認出来る。すなわち，官報が発行されたのとほぼ同時に，その情報にアクセス出来得る環境にあるのだが，そうした技術が無い時代はどのようにしていたのだろうか。明治時代の公文式では，次のような規定が置かれた。

第10条

凡ソ法律命令ハ官報ヲ以テ布告シ，官報各府県庁到達日数ノ後七日ヲ以テ施行ノ期限トナス。但官報到達日数ハ，明治十六年五月二十六日第十四号布達ニ依ル。

第12条

北海道及沖縄県ハ，官報到着日数ヲ定メス，現ニ道庁又ハ県庁ニ到達シタル翌日ヨリ起算ス。

島地ハ，所轄郡役所ニ官報ノ到達シタル翌日ヨリ起算ス。

　つまり，北海道と沖縄県などを除き，官報が各府県庁に到達してから7日後を施行期日としたのである。そして，その官報が各府県庁に到達する日数は，公文式10条但書の布達により表8.1のように定められていた。

| 到達日数 | 府　　　県 |
|---|---|
| 即日 | 神奈川県・埼玉県・群馬県・千葉県 |
| 2日 | 茨城県・栃木県・静岡県・山梨県 |
| 3日 | 愛知県 |
| 4日 | 京都府・大阪府・兵庫県・三重県・滋賀県・岐阜県・長野県・福島県 |
| 5日 | 新潟県・宮城県・山形県 |
| 6日 | 富山県・岡山県・和歌山県・徳島県 |
| 7日 | 岩手県・石川県・鳥取県・広島県 |
| 8日 | 秋田県・福井県・島根県・山口県・高知県 |
| 9日 | 愛媛県・福岡県 |

| 10日 | 青森県 |
|------|--------|
| 11日 | 長崎県・大分県・佐賀県・熊本県・宮崎県 |
| 12日 | 鹿児島県 |

表8.1　公文式（1886年（明治19年））における官報の到達日数

　このようにして見ると，明治時代の初期では官報が到着するまでにそれなりの日数がかかっていたこと，さらには当時は全国で一斉に法令が効力を持っていたわけではなく，官報が到着する過程で次第に効力がもたらされることとなり，場所によっては10日前後の時間差があったことが分かる。

② 法が効力を持つ期間

　法令が一度効力を持つと，失効するまでの間は有効なものとして扱われる。すなわち，法令は効力を持つ期間に亘ってのみ適用され，時間を遡って法令の効果が及ぶことは無い。仮に，行為時には合法となっているところ，新たな立法により違法として処罰したならば，権力を有する者が有利となると同時に，人々の社会生活の安定性が損なわれてしまう。

　このため，新法の適用を過去に遡及させてはならないという原則が導き出される。これを**法律不遡及の原則**（又は**事後法の禁止**，**遡及処罰の禁止**）と称する。法律不遡及の原則は，憲法上では次のように規定されている。

　憲法39条
　何人も，実行の時に適法であつた行為又は既に無罪とされた行為については，刑事上の責任を問はれない。又，同一の犯罪について，重ねて刑事上の責任を問はれない。

　**罪刑法定主義**の観点からは（⇒第5章豆知識④），人権保障とも関わる問題となるため，仮に法改正が行われたとしても，罰則をめぐる関係では旧法が適用される原則となっていることを示している。

　但し，立法政策上必要と思われる場合や，新法を適用する方が関係者にとっ

154

て有利に働く場合は，法律不遡及の原則の例外として，新法が遡って適用されることもある。代表的なものとして，刑法 6 条の規定が挙げられる。

> **刑法 6 条**
> 犯罪後の法律によって刑の変更があったときは，その軽いものによる。

　つまり，犯罪の行為時点の刑罰と比べ，法律が改正された後の刑罰が軽くなった場合は，改正された新法が遡及的に当事者へ適用されるのである。これは，後に軽い刑罰が相当であると判断されたのならば，わざわざ重い刑罰を科す必要がないだろうとの趣旨に基づく。

　また，民法の一部を改正する法律（1947年12月公布，1948年 1 月施行）には「新法は，別段の規定のある場合を除いては，新法施行前に生じた事項にもこれを適用する。但し，旧法及び応急措置法によつて生じた効力を妨げない」との規定が置かれたが（同法附則 4 条），これは現行の憲法施行に伴い，家族生活における個人の尊厳や両性の本質的平等の実現を目的として，遡及効を働かせる必要があったものと見ることができる。

　さらに，私法の分野では**既得権不可侵の原則**も重要な原則として作用する。この原則は，人が獲得した権利は尊重されなければならず，法改正により安易にその権利を奪ってはならない，ということを意味するものであり，人々の法的生活を保護するという観点から導き出される原則である。こちらも，立法政策の上で適当と認められる場合は例外規定を設けることが出来るが，仮に新法により既得権を侵害する虞がでてくる際には，慎重に対応する必要がある。

　法の効力の範囲につき意識しておくべきことは，法令の改正や新法が制定された場合の効力をめぐる問題である。法令の改廃に伴い，いきなり新しい法律関係を適用すると，従来の法律関係に基づく法生活の安定性が損なわれてしまう。そのため，新しい法令を制定する際に，旧法と新法の法律関係を整理し，さらには旧法から新法への移行を円滑にするためにある程度の時間をかけることを想定して旧法の法律関係の存続を認める経過規定が置かれることがある。これを**経過法**（又は**時際法**）と称する。経過規定は「なお従前の例による」と

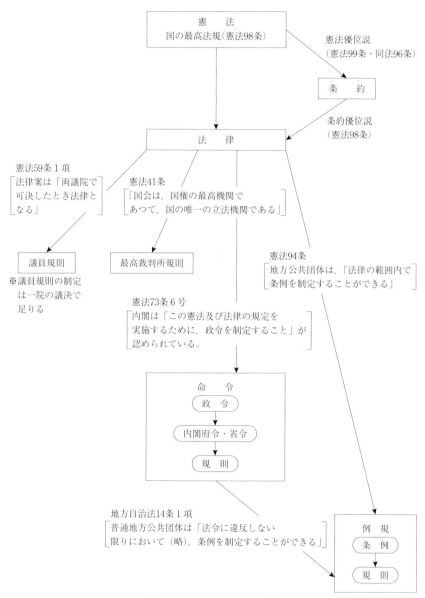

図 8.7　法令のピラミッド構造

いった文言が用いられ，法令の附則に置かれることが一般的であるが，民法施行法・商法施行法・刑法施行法のように独立して施行法が設けられることもある。

　また，法が効力を持っている期間において重要な要素となるのが，法令の相互の関係である。日本の成文法の種類には，①憲法，②条約，③法律，④命令，⑤議院規則，⑥最高裁判所規則，⑦例規があるが（⇒第 5 章③），原則として**上位の法規範が下位の法規範に優先する**というピラミッド構造が形成されている。

　図 8.7 は，通説的な見解に基づくピラミッド構造を示しているが，上位にあるものほど効力が強いことを意味する。つまり，上位にある法令は下位の法令に優先し，上位の法令に抵触する下位の法令は効力を有さないことになるのである。

③法の効力の終期

　通常の法令には，有効期限に関する規定が置かれていないが，法令に施行期間が予め明記されている場合は，期間満了により法の効力は失われる。有効期限に関する規定のない法律を**恒久法**というのに対し，有効期限の定めが置かれている法律を**限時法**（又は**時限法**）と称する。この有効期限に関する規定は，法令の施行期日の規定に続いて置かれることが多い。また，法令が規定の対象としている目的事項が消滅した場合も失効となる。

　もし，旧法の規定と矛盾する内容の新法が制定された場合には，明示的な規定は無くとも**後法は前法に優先する**という原則により，時間的に新しい法令の効力が優先し，古い法令はその効力が失われる。これは，後法（新法）の方が，より現在の国家意思に近いために前法（旧法）に優先する，という考えに基づく。

## ② 　法と人

　グローバル社会にあっては，旅行や出張により人が国境を越えて移動するケースが増えている。そうした際に理解しなければならないのが，それぞれの

国の法律では，現地の風土や慣習・文化に根ざした規定があるということである。例えば，日本では飲酒が20歳以上から認められているが，諸外国では18歳以上としているところもあれば，イスラム圏のように飲酒を禁ずる地域もある。このような観点から，人の移動に伴い，法の効力がどこまで及ぶのか，人や場所の範囲という側面から見ておく必要がある。

　そもそも，法の効力を及ぼす範囲については，属地主義と属人主義の考え方がある。**属地主義**とは，領域を基準とし，その領域内では自国民・外国人を問わずにその領域内の法が適用されるものである。**属人主義**とは，人を基準とし，国内・国外のいずこにいようとも，その人の自国法が適用されるものである。日本では属地主義を原則とし，補完的に属人主義を採用している。

　まずは人の範囲について，国籍の概念と共に考えてみよう。


①国　籍

　国家の構成員たる資格・地位を**国籍**というが，国籍の付与は各国の国内管轄事項である。日本における国籍の定め方，すなわち日本国民と認められるための要件には何があるのだろうか。憲法では，次のように定められている。

---
憲法10条
日本国民たる要件は，法律でこれを定める。
---

　ここでの法律とは，国籍法である。出生による国籍の取得の要件は，国籍法2条にて次のように定められている。

---
国籍法2条
子は，次の場合には，日本国民とする。
一　出生の時に父又は母が日本国民であるとき。
二　出生前に死亡した父が死亡の時に日本国民であつたとき。
三　日本で生まれた場合において，父母がともに知れないとき，又は国籍を有しないとき。
---

158

• 一歩先⑨ •　　　　　　　　　　　国籍法の今と昔

　尚，1950年に施行された当時の国籍法では，次のように規定されていた。

> 国籍法2条
> 子は，左の場合には，日本国民とする。
> 一　出生の時に父が日本国民であるとき。
> 二　出生前に死亡した父が死亡の時に日本国民であつたとき。
> 三　父が知れない場合又は国籍を有しない場合において，母が日本国民であるとき。
> 四　日本で生れた場合において，父母がともに知れないとき，又は国籍を有しないとき。

　国籍法2条1号で規定されていたように，当時は父系血統主義が採られていたが，女子差別撤廃条約（正式名称は，「女子に対するあらゆる形態の差別の撤廃に関する条約」）の批准に伴い，この条項は1984年に現行法のように父母両系血統主義へと改められた。

　同条1号で定められているように，父又は母が日本国民である場合にその子は日本国籍が与えられている。これを**父母両系血統主義**と称する。

　日本やドイツ，フランスなどが親の国籍を子どもが受け継ぐ**血統主義**の立場を採っている。他に，国家形成の歴史や移民政策などの観点から，その国内にて生まれたならばその国の国籍が与えられる**出生地主義**を採用している国として，アメリカや中南米諸国などがある。

　仮に，日本人の夫婦がアメリカで子どもを出産したとしよう。そうすると，その子どもはまず血統主義に基づき日本国籍が与えられる。さらに，出生地主義を採用しているアメリカで生まれているため，アメリカ国籍も付与される。つまり，日本国籍とアメリカ国籍を二重に保有することになる。これを**重国籍**という。日本では，重国籍者は国籍選択制度に基づき，一定の年齢に達するまでに外国籍又は日本国籍を選択しなければならないこととなっている（国籍法

14条以下）。

　また，外国籍を取得した際には日本国籍を自動的に喪失する規定もあることから（同法11条），日本は重国籍に対して厳格な態度を示していると指摘されている。重国籍の状態は，一個人が複数の国籍を保有することにより，外交的保護や納税・兵役の義務が重複することになるので，そうしたことを避けるため，国籍唯一の原則を理想とすべく，個人は国籍を1つのみ保有し，2つ以上の国籍を持つことを防止する取り組みが行われてきた。但し，人の移動が盛んに行われ，国際結婚の増加に伴い，重国籍者が増えつつある現状にある。現に，ヨーロッパでは1997年にヨーロッパ国籍条約を採択し，重国籍に寛容な政策を採っている国もある。国籍を選択するというのは自己のアイデンティティーにも関する事項であり，今後日本でも慎重に議論を重ねてゆくべきであろう。

　また，無国籍者は，いずれの国からも外交的保護を受けられず，著しい不利益を被ることとなる。こうした無国籍者が生じないように国際社会は取り組んでおり（世界人権宣言15条，市民的及び政治的権利に関する国際規約24条3項），我が国も無国籍者を防止するように規定が設けられている（国籍法2条3号）。

②内国人・外国人・国外犯への例外

　憲法では，次のように**法の下の平等**が定められている。

> 憲法14条1項
> すべて国民は，法の下に平等であつて，人種，信条，性別，社会的身分又は門地により，政治的，経済的又は社会的関係において，差別されない。

　つまり，各人は人種・信条・性別などによって差別を受けることなく，均しく法の効力が及ぶというのが原則である。しかし，人を基準に法の効力が及ぶ範囲が異なる例外もある。

【内国人】

　その国の国籍を有する内国人の内，一定の身分を有している者を対象とした

法がある。我が国では，皇室典範や国家公務員法などが挙げられる。皇室典範は皇族を対象とし，国家公務員法は国家公務員に適用される法律であり，これらの身分以外の者には法的効力が及ぼないこととなっている。

　或いは，年齢により法的効力に制限が加えられているものもある。選挙権は公職選挙法に基づいて満18歳以上の者に与えられるし（同法9条），20歳未満の者に飲酒を禁ずる未成年者飲酒禁止法などは，こうした例として挙げられる。

## 【外国人】

　外国の国籍を有する外国人が他国に在留する場合は，在留国の法の効力が及ぶことが原則であるが，国籍を理由として制限が設けられたり，特権が与えられることがある。尚，日本に在留する外国人には，永住資格が認められた定住外国人（「出入国管理及び難民認定法」による永住者，及び「日本国との平和条約に基づき日本の国籍を離脱した者等の出入国管理に関する特例法」による特別永住者），難民条約（正式名称は，「難民の地位に関する条約」）による難民，一時的な旅行者などの一般外国人，が含まれている。

　憲法との関係では，参政権や一定の公務への就任権，兵役の義務といった公法上の権利義務は，内国人にのみ付与される。そのため，日本の現行法でも国政選挙・地方選挙の何れも，選挙権・被選挙権は日本国籍保持者のみに与えられており，外国人には参政権が与えられていない（公職選挙法9条・10条，地方自治法11条・18条）。

• Case Study⑦ •　　　　外国人の基本的人権をめぐる判例の動向

　外国人の基本的人権については，市民的及び政治的権利に関する国際規約16条にて「すべての者は，すべての場所において，法律の前に人として認められる権利を有する」との規定が置かれ，日本も同規約に批准していることから，権利の性質上適用可能な人権規定は外国人にも及ぶことになる。また，最高裁判所でも「権利の性質上日本国民のみをその対象としていると解されるものを除き，わが国に在留する外国人に対しても等しく及

ぶ」との判断が示されたことから（最大判昭和53年10月4日民集32巻7号1223頁），外国人に対しては権利の性質によりその保障の適用可否が決まるというのが通説である。そうした伝統的な理解の下で，国家の意思形成に関与できるのは日本国籍を保有する者であるため，外国人には参政権が認められないとされてきた。

　そうした考えに一石を投じる判断が，最高裁判所により示された。在留外国人の選挙権は憲法上認められないとしながらも，「我が国に在留する外国人のうちでも永住者等であってその居住する区域の地方公共団体と特段に緊密な関係を持つに至ったと認められるものについて，その意思を日常生活に密接な関連を有する地方公共団体の公共的事務の処理に反映させるべく，法律をもって，地方公共団体の長，その議会の議員等に対する選挙権を付与する措置を講ずることは，憲法上禁止されているものではないと解するのが相当である」とし（最判平成7年2月28日民集49巻2号639頁），一定の居住要件の下で地方選挙の選挙権を在留外国人に付与することは許される，との立場を示したのである。

　外国人労働者の受け入れが本格的に拡大しつつある現状では，外国人の参政権も含めた権利保障のあり方につき，再考を迫られているといえよう。

　国際私法との関係では，人の身分や能力に関する事柄・成年年齢・婚姻・離婚・親子関係・相続・遺言などは，在留国に関わらず本国法の効力が及ぶのが原則である。これは，本国の慣習・風俗・文化などが反映される事項については，たとえ他国にいようとも本国法を適用することが相応しいとの判断に基づく。日本でも**公序良俗**に反する場合を除き，本国法の適用を受けることが明文で規定されている（法の適用に関する通則法4条・42条）。

　国際公法との関係では，治外法権と領事裁判権に基づく特権により，在留国法の適用を受けず，本国法の効力が及ぶものがある。**治外法権**は，国家元首・外交使節・外交官及びその家族・随員，軍艦乗船員などに認められるもので，外国に在留しても本国法の適用を受ける。**領事裁判権**は，近代期の不平等条約

に盛り込まれたものであるが，主に在留国の法制度が未発達であることを理由に，在留外国人が在留国の裁判権に服することを否定し，駐在している本国領事が本国法に基づき裁判権を行使したものが代表的な例である。

• 豆知識⑧ •

### 近代期の不平等条約締結のカタチ

　近代期に日本が西洋諸外国と締結した不平等条約の特徴は，その条項に領事裁判権が置かれたことにある。現に，日本とアメリカとの間で1858年に調印された日米修好通商条約（正式名称は，「日本国米利堅合衆国修好通商条約」）6条には，「日本人に対し法を犯せる亜米利加人は，亜米利加コンシュル裁断所にて吟味の上，亜米利加の法度を以て罰すへし。亜米利加人へ対し法を犯したる日本人は日本役人糺之上，日本の法度を以て罰すべし（略）」との文言が盛り込まれた。日本人に対し犯罪を行ったアメリカ人は，アメリカの法制度に則って処罰されることが規定されており，領事裁判権が定められていたことが分かる。

　尚，日米修好通商条約にも見られるものだが，当時の西洋諸外国と締結した条約書批准書の多くには，金属の缶（蝋缶）が附随していた（図8.8を参照）。蝋缶の中には，蜜蜂の巣から搾取した蜜蝋が入っており，その上には国璽が刻印されている。この国璽により国家が条約を認証したこととなるが，蝋缶は蝋に刻印された国璽を保護するための役割を果たしており，蓋には国璽と同じ文様が刻まれていることが多い。蝋缶は，西洋諸外国と締結した際に見られるもので，アジア諸国との条約書批准書には蝋缶は付随していない。

図8.8　日米修好通商条約

【国外犯】

　日本の刑法は属地主義を原則としている。実際，刑法1条1項では次のように規定されている。

---
刑法1条1項
　この法律は，日本国内において罪を犯したすべての者に適用する。
---

　つまり，日本の国内において犯された罪に対して，内国人・外国人を問わず日本刑法の効力が及ぶのである。また，日本国外にある日本船舶・日本航空機内においても，日本の刑法が適用される（同法同条2項）。

　これに対し，一部の犯罪類型（放火罪・強制わいせつ罪・贈賄罪・殺人罪・傷害罪・窃盗罪など）を日本国民が国外で犯した場合でも，日本の刑法の適用を受ける旨が規定されており（同法3条），属人主義が補完的に採用されている旨が確認できる。また，日本の国益を著しく損なう虞がある犯罪類型（内乱罪・外患誘致罪・通貨偽造罪など）は，日本国外で行われたとしても，内国人・外国人を問わず，日本刑法が適用される（同法2条）。

## ③　法と場所

　次に地理的な観点から法の効力が及ぶ範囲を見てゆくと，属地主義が原則となっているため，一国の主権の範囲が及ぶ全領域，すなわち領土・領海・領空の中にいる限りでは，国籍を問わず当該国家の法令の適用を受ける。

　ここでいう**領土**とは，国家が領有する陸地を意味し，国家の主権が及ぶところとなる。現在の日本の領土は，1952年に発効したサンフランシスコ平和条約により確定しているが，近隣諸国と島の領有権をめぐり争っている領土問題が存在している。

　また，**領海**とは，基線から12海里までの海域と定められている（領海及び接続水域に関する法律1条1項）。**基線**とは，領海を確定する起点となる線のことである。基線の引き方には，潮が一番引いた時の海岸線（低潮線）を基準とする

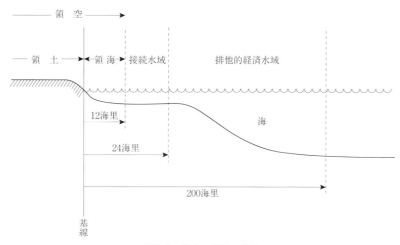

図 8.9 領土・領海・領空

通常基線，海岸線が突出しているところの岬や島の適当な地点を結ぶ直線を基線とする直線基線，群島国家で用いられるところの群島の最も外側の島を結ぶ直線を基線とする群島基線がある。複雑な海岸線を持つ日本では，海域によって通常基線又は直線基線を採用している（同法 2 条）。基線から24海里までの海域は，日本の領域における通関，財政，出入国管理及び衛生に関する法令に違反する行為の防止及び処罰のために必要な措置を執る水域として，**接続水域**が認められている（同法 4 条）。そして，基線から200海里までの海域は，沿岸国の主権的権利やその他の権利を行使する水域として，**排他的経済水域**が認められている（排他的経済水域及び大陸棚に関する法律 1 条）。

　さらに，**領空**とは，領土と領海の上空に接する大気圏を意味する。尚，1967年に発効した宇宙条約（正式名称は，「月その他の天体を含む宇宙空間の探査及び利用における国家活動を律する原則に関する条約」）に基づき，現在は宇宙空間についてはいずれの国家も領有を主張できないこととなっている（同条約 2 条）。しかし，領空と宇宙空間との明確な境界については，未だ国際的な枠組みで合意がなされていない（図 8.9 を参照）。

　但し，法の効力が及ぶ地理的範囲は国家の全領域となるのが原則だが，一部

例外も存在する。管理地・租借地などを有する国では，自国の領域外であって
も，管理国・租借国の法の効力が及ぶ。また，たとえ外国に在留したとしても，
一定の身分（国家元首・外交使節・外交官及びその家族・随員，軍艦乗船員など）に
より，在留国法の効力が及ばないこともある。

　また，連邦制を採っているアメリカやオーストラリア，カナダでは，州ごと
の法律により規制されているため，一国の中で法域が異なっているものもある。
日本では国内で法域が異なっていることはないが，沖縄振興特別措置法や首都
圏整備法というように，特定の地域に限定して法の効力が及んでいるものがある。

● 一歩先⑩ 　　　　　　「法の効力が及ぶ範囲」の複合的な検討

　　法の効力が及ぶ範囲で，人と場所とは相互に関連する部分があるが，こ
こに時間という側面を加えて検討すると，多面的で複雑な法領域が見えて
くる。というのも，現在は人が移動することにより場所をめぐる法の効力
の範囲が変わるが，近代期では植民地法制の確立と共に，主権の範囲が及
んだ地域が変わったことがあるためである。

　　そもそも，日本の大日本帝国憲法は1889年（明治22年）2月に公布され，
翌年11月に施行されたが，この当時に法的効力が及ぼされる範囲としての
「日本」には，本州・四国・九州・北海道・沖縄・小笠原その他の島嶼が
含まれていた。ところが，大日本帝国憲法の施行後に新たに領土や租借地，
委任統治地域として領有した地域，具体的には朝鮮半島・台湾・樺太・関
東州・南洋群島において，果たして大日本帝国憲法の効力が及ぶのかとい
う点では，様々な論点から議論がもたらされた。

　　実際に，1897年（明治30年）10月に台湾総督府高等法院長の役職にあっ
た高野孟矩（たかのたけのり）（1854年～1919年）が日本政府より理由を告げられないまま非職
を命じられた際に，大日本帝国憲法58条2項に規定されていた「裁判官ハ
刑法ノ宣告又ハ懲戒ノ処分ニ由ルノ外，其ノ職ヲ免セラルルコトナシ」と
いう裁判官の身分保障規定を根拠として，高野が自身に対する非職処分は
違憲であると主張した訴訟が提起され，大審院で争われるまでに至った事

図 8.10 台湾総督府高等法院
（現：司法大厦）

図 8.11 高野孟矩

件がある（大判明治33年6月14日民録6輯6巻64頁）。

　高野の訴えは認められることはなかったが，改めて大日本帝国憲法が新たに獲得した領土に適用されるのか否か，という点で注目を集めた事件であった。

　ある国の法令は，その国内において効力が及ぶことは当然のように思えるかもしれないが，実は難しい問題も孕んでいる。場所をめぐる法の効力には，確かに現代法の視点から一国の支配権の範囲が及ぶ全領域内（領土・領空・領海の範囲）が要素となるが，時間軸までに視野を広げ，過去にはどの国家の支配権が及んでいたのか，或いは異なる国同士の領土や領海をめぐる対立にはどのような歴史的経緯があるのか，という複合的な視点からの考察が求められるだろう。

<table>
<tr><td>第9章</td><td>法と裁判</td></tr>
</table>

| 第9章 | 法と裁判 |
|---|---|

　時に世間を賑わせた事件をめぐっては，裁判の過程や判決の全文が新聞紙に掲載されたり，中には実際に裁判所に足を運び，裁判を傍聴するために傍聴券を求めて長蛇の列になっている模様が報道されることもある。

　大きな事件に止まらず，現代社会においては日々多くの訴訟が提起され，裁判所にて審理がなされている。色々なもめ事や紛争が社会の中では起きているが，どのような解決方法があるのだろうか。本章では，裁きの空間をめぐる変遷の過程や，裁判所及び裁判制度を解説する。

## 1 裁判空間の移り変わり

### ① 「和」の空間としての裁判所

　もめ事を裁く場としての裁判空間は様々なカタチで存在した。近代以前の日本での裁判空間としてまず思い浮かぶのは，時代劇や時代小説でもお馴染みの

図9.1　白洲裁判

光景として描かれている白洲裁判のカタチであろう（図9.1を参照）。

　江戸の町には，南町奉行所と北町奉行所が設けられ，行政・司法・警察全般に関する業務を司っていた。そして，現代でいうところの法廷である白洲にて，被疑者に対し正式に決定された量刑が申し渡されていた。

●コラム⑫●　　　　　　小噺・語り継がれる江戸の裁き

　現代にも江戸時代の裁きとして，語り継がれている有名な話がいくつかある。江戸の南町奉行を務めた大岡忠相（1677年～1752年）の名前は，時代劇の『大岡越前』（1970年～1999年放送）や落語で取り上げられていることもあり，名判事として数々の事件を解決したエピソードを耳にする機会が多いのではないかと思われる。中でも「三方一両損」は，現代の法的視点から見ると，面白い視点が含まれている。落語で語られているストーリーの概要を紹介すると，次の通りである。

　左官の金太郎は，3両のお金が入った財布を拾った。財布に入っていた書付から，大工の吉五郎が財布の持ち主だと判明したので，金太郎は江戸の町で吉五郎を探し出し，財布を返そうとした。しかし，江戸っ子気質の吉五郎は，落とした財布は自分の懐から落ちた財布はもはや自分の物ではなく，財布は拾った金太郎の物であると主張する。金太郎は金太郎で，江戸っ子として財布を受け取るわけにいかず，何としても吉五郎に返すと言い張る（図9.2 ①を参照）。

　3両もの大金が入った財布は相手の物である，という主張を双方が譲らないので，最終的には大岡忠相が裁くことになった。大岡忠相は，両者の言い分を聞き，3両を一度預かり，自分の懐から1両を取り出した。そして，合計4両を金太郎と吉五郎の2人に2両ずつ分けた（図9.2 ②を参照）。

　つまり，大岡忠相の解決はこのようになる。吉五郎は3両の財布を落としたが，1両を失って2両が戻ってきたこととなる。金太郎は拾った財布の3両の内，1両を失い2両を得たこととなる。大岡忠相は，自身の私財から1両を支出している。3者がそれぞれ1両ずつ損をしたことで，丸く

納まったのである（図9.2 ③を参照）。

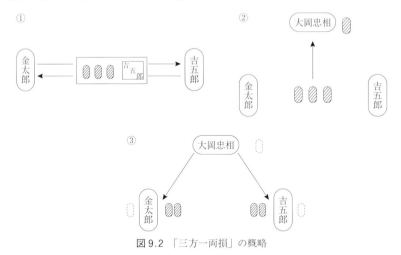

図9.2 「三方一両損」の概略

　大岡忠相は実在した人物であるが，現在まで語られている大岡忠相が解決をした裁判の話は，殆ど創作であるといわれている。但し，「三方一両損」のストーリーは，近年絵本として出版されるほど，長らく親しまれている題材ともなっている。この「三方一両損」では，落とした財布の所有者はその権利を主張せず，むしろ相手方にその所有権が移っていることを述べている。この点は日本人の権利意識という観点から意識すると，非常に興味深い（⇒第3章①）。

　さらに，「三方一両損」が現代にまで語り継がれているのは何故か，日本の伝統的な裁きとして求められていたカタチとは何か，といったことまで考察すると，奥深いテーマが見えてくるだろう。

　現代の日本の裁判制度が確立してゆくのは明治時代以降からであるが，それと共に人を裁く場所や空間も次第に変化してゆく。現代の裁判所を舞台とした考察をすすめるために，裁判所庁舎の建築様式の変遷について，まずは見ておこう。

　明治の初め頃は，既存の建築物を裁判庁舎として活用していたようで，奈良

図9.3　旧篠山区裁判所庁舎の全景

図9.4　旧松本区裁判所庁舎の全景

では興福寺一乗院門跡の建物が使用されていた。

　近代の日本において，裁判所として新たに建築が行われたのは，記録として残っているのが1875年（明治8年）の横浜・新潟・神戸・函館の裁判所である。これらの裁判所の建築様式は，木造2階建ての瓦葺きであり，外壁は白漆喰という擬洋風建築が取り入れられ，1877年（明治10年）に建設された最初の**大審院**も擬洋風建築の様式であった。

　さらに明治10年代にかけて，全国各地で作られた始審裁判所（後の地方裁判所）で見ると，木造一部2階建ての瓦葺きで，法廷と主要室がある母屋と代言人（現在の弁護士）の控室と記録倉庫などがある付属屋で構成される和風建築の裁判庁舎が一般的な裁判所のイメージとして定着してゆくことになる。

　明治期の木造建築の裁判庁舎としては，兵庫県の旧篠山区裁判所（1891年（明治24年）建築）（図9.3を参照）や，長野県の旧松本区裁判所（1908年（明治41年）建築）（図9.4を参照）などが移築復元を経て現存している。

　この他には，愛知県の旧宮津区裁判所（1886年（明治19年）建築），新潟県の旧相川区裁判所（1888年（明治21年）建築），福井県の旧大野区裁判所（1889年（明治22年）建築），熊本県の旧御船区裁判所（1895年（明治28年）建築）がある。

② 「洋」の空間としての裁判所

　ところが，明治20年代から大都市を中心に建築された裁判所は，次第に西洋型の建築となってゆく。特に，1896年（明治29年）に完成を見た大審院の庁舎

図9.5　大審院（手前の建物）及び司法省（奥側の建物）を映したポストカード

図9.6　旧名古屋控訴院の全景

図9.7　旧札幌控訴院の全景

は，ドイツに派遣された妻木頼黄（1859年～1916年）の成果が反映されたことも
あり，ドイツ・ネオバロック様式の流れを汲んでおり，レンガ造りの重厚な建
物が建設された（図9.5を参照）。

　明治期の後半から大正期にかけて建てられた各地の地方裁判所や控訴院（現
在の高等裁判所に相当）も，レンガ造りや石造りを基本とする様式であった。旧
名古屋控訴院（1922年（大正11年）建築，現在は名古屋市市政資料館）（図9.6を参
照）や旧札幌控訴院（1926年（大正15年）建築，現在は札幌市資料館）（図9.7を参
照）などから，当時の裁判建築様式の面影が偲ばれる。尚，当時控訴院は，札
幌・宮城・東京・名古屋・大阪・高松・広島・長崎に設置されたが，建物が現
存しているのは上記の2カ所のみである。

**図9.8**　東京民事地方裁判所を映したポストカード

　また，1923年（大正12年）に発生した関東大震災を一つの契機として，裁判所建築も鉄筋コンクリート造りの庁舎へと変わってゆく。1935年（昭和10年）に建てられた東京民事地方裁判所は，より近代的な建物となっていることが窺える（図9.8を参照）。

　以上のように，裁判所庁舎を建築史という角度から概観してきたが，建築様式の変遷は知らず知らずのうちに日本人の法意識にも影響を及ぼしている可能性があると思われる（⇒第3章①）。というのも，控訴・上告と審級を経てゆくと，上訴するために地方から都市へと上京してきた人々の目に映るのは，見慣れぬ欧米諸国に由来する近代建築が聳え立っている姿であり，レンガ造りの重厚な裁判所の造りに，たじろぎ威圧されたことは想像に難くない。こうしたことが，裁判所というのは本来は人々に門戸が開かれている場所の筈にも拘らず，敷居が高いイメージにも繋がっている，ともいえるのではないだろうか。

## ②　裁判所の種類

　現在日本にある裁判所を大きく分けると，**最高裁判所・高等裁判所・地方裁判所・家庭裁判所・簡易裁判所**がある（憲法76条1項，裁判所法1条・2条1項）。
　それぞれの裁判所の設置数や場所，その管轄権は，表9.1の通りである。

| 名　称 | | 設置数（場所） |
|---|---|---|
| 最高裁判所 | | 1カ所（東京） |
| 下級裁判所 | 高等裁判所 | 8カ所（東京，大阪，名古屋，札幌，仙台，広島，高松，福岡）<br>6支部（金沢，岡山，松江，宮崎，那覇，秋田） |
| | 地方裁判所 | 50カ所（各都道府県庁所在地，函館，旭川，釧路）<br>203支部 |
| | 家庭裁判所 | 50カ所（各都道府県庁所在地，函館，旭川，釧路）<br>203支部，77出張所 |
| | 簡易裁判所 | 438カ所 |

表9.1　裁判所の種類

①最高裁判所

最高裁判所の位置付けについては，憲法で次のように規定が置かれている。

憲法81条

最高裁判所は，一切の法律，命令，規則又は処分が憲法に適合するかしないかを決定する権限を有する終審裁判所である。

このように，法令やその他の国家行為の憲法適合性を独立の機関が審査する制度を**違憲審査制**という。最高裁判所は違憲審査権を有する終審裁判所であることから，**憲法の番人**とも称されている。

• 一歩先⑪ •　　　　　　　　　違憲審査制の種類

違憲審査制を大別すると，アメリカのように通常の司法裁判所が違憲審査を行う**司法裁判所型**とドイツに代表されるように憲法裁判所という特別の裁判所が違憲審査を行う**憲法裁判所型**がある。前者の司法裁判所型は，民事訴訟・刑事訴訟・行政訴訟といった具体的な事件において，司法権を行使するのに付随して，関連する法令や国家行為の合憲性の判断を下すことから，**付随的違憲審査制**という。後者の憲法裁判所型では，具体的な事件が存在しなくとも，一般的・抽象的に法令の憲法適合性の判断を憲法裁判所に求めることが出来るので，**抽象的違憲審査制**という。

　日本では，「わが現行の制度の下においては，特定の者の具体的な法律関係につき紛争の存する場合においてのみ裁判所にその判断を求めることができるのであり，裁判所がかような具体的事件を離れて抽象的に法律命令等の合憲性を判断する権限を有するとの見解には，憲法上及び法令上何等の根拠も存しない」（最大判昭和27年10月8日民集6巻9号783頁）と，抽象的違憲審査制が否定されたことから，付随的違憲審査制が採られていると解されている。

　最高裁判所は，東京都に置かれることが明文で規定されている（裁判所法6条）。また，最高裁判所長官及び14名の最高裁判所判事の計15名の裁判官によって構成され（同法5条），識見が高く，法律の素養があり，年齢が40歳以上の者であること，さらに，15名の裁判官の内で少なくとも10名は一定期間法律専門家として経験を有している者であることが求められている（同法41条）。

　最高裁判所での審理・裁判には，15名全員の裁判官で構成される**大法廷**と，5名の裁判官で構成される3つの**小法廷**がある。原則としてまずは小法廷で審理がなされるが，憲法の適合性を判断する場合や，憲法やその他の法令の解釈適用につき過去に最高裁判所が示した例に反する時には，大法廷で裁判が開かれる（⇒第5章④②）。

図9.9　最高裁判所小法廷

図9.10　最高裁判所大法廷

②高等裁判所

　高等裁判所は，下級裁判所の中での最上位に位置付けられる裁判所であり，

全国に8カ所の本庁と6カ所の支部が置かれている。高等裁判所は，原則3名の裁判官（内，1名を裁判長とする）により構成されるが，特許権などに関する訴訟や独占禁止法に関する事案では5名の裁判官により構成される（裁判所法18条，民事訴訟法310条の2，私的独占の禁止及び公正取引の確保に関する法律87条）。

高等裁判所では，それぞれの管轄内の下級裁判所で下された判決の控訴や抗告の裁判権を有するが，内乱罪など特定の犯罪に関する訴訟では第一審を担当する（裁判所法16条）。また，地方公共団体の議会議員や国会議員の選挙の効力に関する訴訟も，高等裁判所が第一審となる（公職選挙法203条・204条）。

また，2005年には，東京高等裁判所の特別支部として，特許権や商標権といった知的財産に関する紛争の控訴審を専門的に扱うことを目的とする**知的財産高等裁判所**が設置された。

* 一歩先⑫ * ／ 知的財産高等裁判所の設置過程

知的財産権関連の事件について，従来は東京高等裁判所に設置されていた専門部が扱っていた。そうしたところ，特に2000年代から進められた司法制度改革の中で，知的財産を保護する必要性の観点から，裁判所の専門的処理体制を強化すべき，との提言がなされた。

そして，2004年に知的財産高等裁判所設置法が制定された。その趣旨については，同法1条にて次のような規定が置かれている。

知的財産高等裁判所設置法1条
この法律は，我が国の経済社会における知的財産の活用の進展に伴い，知的財産の保護に関し司法の果たすべき役割がより重要となることにかんがみ，知的財産に関する事件についての裁判の一層の充実及び迅速化を図るため，知的財産に関する事件を専門的に取り扱う知的財産高等裁判所の設置のために必要な事項を定めるものとする。

現行法の体制では，特許権に関する訴えの控訴事件は，原則として知的財産高等裁判所の専属管轄となっている（民事訴訟法6条3項，知的財産高等

裁判所設置法2条)。

### ③地方裁判所

　地方裁判所は，各都府県に1カ所ずつ，面積が広大な北海道では札幌・函館・旭川・釧路の4カ所，全国に合計50カ所設置されており，これに加えて203カ所の支部が置かれている。地方裁判所は，原則1名の裁判官による単独法廷で裁判が行われるが，特定の事件に関しては3名の裁判官（内，1名を裁判長とする）による合議体の裁判が開かれる（裁判所法26条）。大規模訴訟や特許権などに関する専門的な事件を扱う場合は，5名の裁判官による合議裁判が行われることもある（民事訴訟法269条・269条の2）。

　地方裁判所では，通常の裁判の第一審を扱う他，簡易裁判所の判決に対する控訴や抗告の裁判権も有する（裁判所法24条）。

### ④家庭裁判所

　家庭裁判所は，地方裁判所及び支部に併設されており，さらに77カ所の出張所が設けられている。家庭裁判所も地方裁判所と同様に，原則1名の裁判官による単独法廷で裁判が行われるが，特定の事件に関しては3名の裁判官（内，1名を裁判長とする）による合議体の裁判が開かれることとなっている（裁判所法31条の4）。

　家庭裁判所では，家庭に関する事件の審判・調停や，人事訴訟の第一審，少年の保護事件の審判を扱う（同法31条の3）。家庭に関する事件には，成年後見の開始・失踪の宣告・相続の放棄などといった争訟性のない事件（家事事件手続法別表第1）と婚姻費用の分担・親権者の決定・遺産分割などといった争訟性がある事件（同法別表第2）が含まれる（同法39条）。人事訴訟とは，婚姻関係・親子関係・養子縁組関係といった身分関係の形成や確認を目的とする訴訟を指す（人事訴訟法2条）。少年の保護事件における少年とは，20歳未満の罪を犯した少年の他にも，14歳未満で刑罰法令に触れる行為をした少年や，将来罪を犯す虞がある少年も含まれる（少年法3条）。

⑤簡易裁判所

　簡易裁判所は，全国に438カ所設けられている。簡易裁判所は，１名の裁判官による単独法廷で裁判が行われる（裁判所法35条）。簡易裁判所では，民事事件では訴訟の目的の価額が140万円を超えない場合，刑事事件では罰金刑以下の罪に該当する場合，などの第一審の裁判権を有する（同法33条）。

　簡易裁判所の特徴として，判事の職務に必要な学識経験がある者であれば，その職に就けるということが挙げられる（同法45条）。これは，市民に密着した裁判所を実現するために，広く門戸が開かれているという目的に基づいている。

## ③ 裁判手続きの流れと裁判の種類

　現行の裁判所は以上のように様々な種類があるが，次は裁判手続きの流れについて見てゆこう。

①三審制

　まずは，裁判の流れの原則を確認してゆく。最初に開かれる裁判を**第一審**と称する。人が人を裁くというプロセスにはどうしても誤りが生じる可能性がある。そのため，仮に判決の内容に不服がある場合，上級の裁判所へと訴え出ることが出来るようなシステムが取られている。この上級審へ裁判を求めることを**上訴**という。２回目に開かれる裁判を**第二審**と呼ぶが，この第一審から第二審への上訴を**控訴**という。

　さらに，第二審の判決にも納得できない場合は，さらに３回目の審理の場として**第三審**が開かれる。第二審から第三審への上訴は**上告**と称する。誤判を防ぐためには，当事者が納得するまでに徹底的に何度も審理することが望ましいのかもしれないが，そうすると審理が長引き，事件が解決しないことにもなりかねない。そのため，公正で慎重な審理を行いつつ，迅速かつ的確な判断を行うために，日本では同じ事件について３回までを限度として裁判が行われることとなっている。これを**三審制**という。

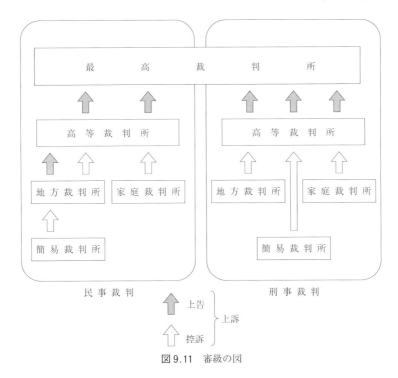

図 9.11　審級の図

　第一審がどのレベルの裁判所にて開かれるのかは，取り扱われる事件によっ
て異なる。通常の訴訟では地方裁判所が第一審となるが，第一審が地方裁判所
で審理されると，第二審が高等裁判所，第三審が最高裁判所，となる。

　民事裁判では，訴訟の目的の価額が140万円を超えない場合は簡易裁判所が
第一審となるが，第一審が簡易裁判所で審理されると，第二審が地方裁判所，
第三審が高等裁判所という流れになる。

　刑事裁判では，罰金刑以下の罪に該当する比較的軽微な事案を扱う簡易裁判
所が第一審となり，第二審が高等裁判所，第三審が最高裁判所となる。家庭内
での争いをめぐる事案，夫婦・親子関係をめぐる訴訟，未成年者による事件は，
家庭裁判所が第一審となり，第二審が高等裁判所，第三審が最高裁判所となる
（図 9.11 を参照）。

　また，それぞれの審級に応じて，審理を行う対象の範囲が異なってくる。訴

訟当事者の主張や証拠などの事実問題と法律問題を併せて審理するものを**事実審**，事実審が行った裁判について法令に違反するか否か，を審理するものを**法律審**と称する。原則として，第一審と第二審（控訴審）が事実審であり，第三審（上告審）が法律審となっている。

　一言で裁判といっても色々な形態があるが，まずは**民事訴訟**と**刑事訴訟**とに大別される。民事訴訟とは，私人関係の間での権利義務に関する訴訟であり，お金の貸し借りや離婚をめぐるトラブルなどを扱う。刑事訴訟とは，刑法上の犯罪が発生した際に，被告人に対し犯罪行為を行ったか否か，刑罰を科すべきか否か，を判断する訴訟である。

　それぞれの訴訟のカタチには，様々な原理原則がある。以下で紹介してゆくが，色々な概念が登場するので最初は少し難しく感じるかもしれない。しかし，各法分野で理解を深めると次第に慣れてゆくので，一先ず安心されたい。


②民事訴訟

　民事裁判では，相対立する当事者たちの主張に対し，公正で中立的な立場の裁判所が判断を下すことになる。その際，訴えを提起する方を**原告**，原告から訴えを提起された方を**被告**と称する。私人の間での私的紛争を解決するための訴訟が民事裁判であるので，原告と被告の当事者たちが訴訟の主人公となり，原告と被告とのやり取りを見た上で，審判たる裁判官が法的判断を下す，というのが基本的な構図のイメージとなる。こうした当事者同士が裁判の主体となることを**当事者主義**という。これは，憲法上で次のように保障されていることに基づく。

> 憲法82条1項
> 裁判の対審及び判決は，公開法廷でこれを行ふ。

　この規定は，裁判官の面前で当事者同士が直接口頭で各自が主張を述べ合う対審が憲法で保証されていることを意味する。

　このように当事者が裁判の主体となり，訴訟の開始・請求の内容・訴訟の終

了などを当事者が自由に判断出来得る。これは，私人は私的な法律関係を形成
でき，国家はこれに干渉してはならないという**私的自治の原則**に基づくもので
あり（⇒第5章④①），当事者の自由裁量に任せられているのである。そのため，
原告が訴状を裁判所に提出したことにより訴訟が開始となり，審判たる裁判官
はその請求内容の範囲内でのみ判決を下すことになる。実際，民事訴訟法では
次のような規定が置かれている。

> 民事訴訟法133条1項
> 訴えの提起は，訴状を裁判所に提出してしなければならない。

> 民事訴訟法246条
> 裁判所は，当事者が申し立てていない事項について，判決をすることがで
> きない。

　つまり，訴え出る必要がないと思った場合には裁判は行われないし，また原
告が被告に対して100万円の損害賠償を求めて訴えを提起した場合に，裁判所
が実際の損害を200万円と認定することは出来ない。こうした訴訟の当事者が，
訴訟を提起するか否かということや，訴訟で求めることの範囲，訴訟提起後の
訴えの取り下げや和解，などを自由に判断出来ることを，**処分権主義**という。
どのような形式での審判で決着を図るのか，ということは当事者の判断に委ね
られているのだが，まさに古来からいわれているところの「請求されたものを
越えて行かないように」や「訴えなければ裁判なし」という法格言が，処分権
主義の考えを示すものとして考えられている。
　さらに，訴訟の途中で**和解**という手段により解決を図ることが，当事者の意
思として認められているのも民事訴訟の特徴である。これは，民事訴訟は私的
な紛争を争う裁判なので，私的自治の原則の一環として，当事者同士で折り合
いがつけば，その内容を容認するという趣旨によるものである。実際のところ，
2018年の地方裁判所における民事訴訟の終了原因として，和解が全体の件数の
37％にも及んでいる（図9.12を参照）。

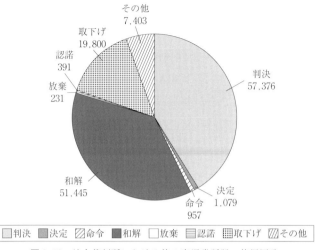

図9.12　地方裁判所における第1審通常訴訟の終局区分

　この当事者同士の話し合いに裁判所が助力することも想定した規定が置かれている。

---

民事訴訟法89条

　裁判所は，訴訟がいかなる程度にあるかを問わず，和解を試み，又は受命裁判官若しくは受託裁判官に和解を試みさせることができる。

---

　当該規定では，裁判所が訴訟の途中であっても和解を試みることを出来る旨が定められているが，これを**訴訟上の和解**という。和解が勧められる要因には，和解に至るとその後の審理を行うための時間の節約となることや，裁判官の判決を書く負担の軽減につながること，といった裁判所の負担軽減に寄与することが大きいと指摘されている。

　また，訴訟を開始する前に，当事者双方が簡易裁判所に和解を申立てることが認められている。

---

民事訴訟法275条1項

　民事上の争いについては，当事者は，請求の趣旨及び原因並びに争いの実

---

情を表示して，相手方の普通裁判籍の所在地を管轄する簡易裁判所に和解
の申立てをすることができる。

こちらは，**即決和解**という。そして，訴訟上の和解と即決和解を併せて，**裁
判上の和解**と称する。

さらに，訴訟において事実や証拠に関する資料の収集や提出は，当事者が行
うこととなっている。この資料の収集や提出が当事者の権能と責任に委ねられ
ていることを，**弁論主義**という。

弁論主義とは，当事者が主張しない事実は判決の資料とはしてはならないこ
と，当事者間で争いがない事実は判決の資料として採用しなければならないこ
と，当事者間で争いがある事実を認定するには当事者が提出した証拠に基づか
なければならないこと，を意味する。特に，当事者間で争いがない事実に関連
する規定としては，次のものがある。

民事訴訟法179条
裁判所において当事者が自白した事実及び顕著な事実は，証明することを
要しない。

つまり，当事者間で争いがない事実については，証拠によって証明する必要
が無いので，そこでの事実は確定することとなる。そして，裁判官は例え客観
的に異なっていたとしても，確定した事実と異なる判断は出来ないのである。

以上の処分権主義と弁論主義が，民事裁判における根本的な原則と位置付け
られている。

• 一歩先⑬ •　　　　　　　　裁判外紛争解決手続（ADR）

　**裁判外紛争解決手続**とは，訴訟以外で紛争を解決するための手続きや制
度のことである。民事的な紛争を解決するための正式な手続きに従うなら
ば，まず裁判所に訴状を提出し，訴訟を提起することとなる。

　但し，世の中にある全ての紛争を訴訟によって解決を図るとなると，裁
判所に大きな負担がかかることとなる。また裁判官や弁護士の法曹の数が

他国と比較しても少ない現状にある日本では（⇒第3章①②），訴訟という手段以外の仕組みを用意しておくことも効率的であり，場合によっては円滑な紛争解決につながることもあり得る。そこで，そうした訴訟に代替する紛争解決手続き（これを意味する"Alternative Dispute Resolution"を略し，ADRと称されている）が用意されている。

　現在日本では，紛争の解決方法に応じて様々な種類のADRがあるが，手続きと運営主体による分類の大枠と共に，ADRの例を挙げると以下のようなものがある。

①ADRの手続きによる分類
【調整型】
　第三者が紛争解決の処理を目的として，両当事者間に働きかけ，紛争当事者間の合意により解決を図ろうとするものが，調整型である。

　調整型の手続きには，**あっせん**と**調停**がある。あっせんは，第三者が紛争当事者同士の主張の要点を確かめるなど話し合いの場を持った上で，解決を促す制度である。調停は，紛争当事者が話し合った内容を基に，第三者は調停案を示し，当事者双方に調停案の受諾を勧告する制度である。

【裁断型】
　裁断型とは，紛争当事者同士が予め第三者の審理・判断に従うという一般的な合意の下で，その手続きを開始するもののことである。

　代表的なものに**仲裁**が挙げられるが，一度仲裁手続きに入ることに双方が合意したならば，第三者たる仲裁人が示す仲裁案に強制的に従わなければならない制度である（仲裁法2条1項）。

②ADRの運営主体による分類
【司法型】
　裁判所内で行われる司法型は，訴訟以外の形で解決を目指すものである。

具体的には，**和解**や調停といった手段がある。

　現在調停には，簡易裁判所による民事調停（民事調停法１条〜38条）と家庭裁判所による家事調停（家事事件手続法244条〜287条）とがある。裁判官１名と調停委員２名から構成される調停委員会により，当事者間の紛争解決が図られる。


【行政型】

　行政機関や，独立した行政委員会により紛争解決が図られるものが，行政型である。例えば，建設工事の請負契約に関する紛争につきあっせん・調停・仲裁を行う建設工事紛争審査会や，重要消費者紛争につき和解の仲介・仲裁を行う国民生活センター，公害紛争につき調停・あっせん・仲裁・裁定を行う公害等調整委員会，などがある。

　近年では，2011年３月11日の東日本大震災により発生した東京電力福島第一・第二原子力発電所事故による損害賠償に対する和解仲介の申立て機関として設置された，原子力損害賠償紛争解決センターもある。


【民間型】

　民間型とは，民間組織や業界団体などが運営し，紛争解決を図る形態である。交通事故による損害賠償の紛争に関する法律相談・和解・あっせんを行う交通事故紛争処理センター，国内・国際間の商取引上の紛争に関する仲裁・調停・あっせんを行う日本商事仲裁協会，製造物の欠陥により生じた被害が生じた場合に製造業者に対し損害賠償責任を負わせる製造物責任法に関連する各業界の PL センター（例：医薬品 PL センター・家電製品 PL センター・生活用品 PL センター），などの紛争処理機関が設置されている。

　2004年に「裁判外紛争解決手続の利用の促進に関する法律」が成立し，ADR 制度の整備化が図られたこともあり，現在多くの関連機関が設置されている。

③刑事訴訟

　刑事裁判では，刑法上の罪として定められている殺人・傷害・窃盗・詐欺といった犯罪行為について扱う。その際，犯罪被害者が裁判の訴えを提起するわけではなく，国家を代表して訴えを提起する検察官を**原告**とし，対して罪を犯したと疑われる者を**被告人**として，裁判が行われることになる。尚，民事訴訟では被告と称するのに対し，刑事訴訟では被告人と称する。**検察官**は，犯罪の捜査，刑事についての公訴を提起，裁判所に法の正当な適用を請求，裁判の執行を監督することが，職務として認められている（検察庁法4条・6条）。

　刑事裁判においても，検察官と被告人の当事者が中心となり，裁判官は審判としての役目を果たし審査を行う，当事者主義が基本的な裁判の構図となっている。当事者主義を示している条項として，次のものが挙げられる。

> 刑事訴訟法256条6項
> 起訴状には，裁判官に事件につき予断を生ぜしめる虞のある書類その他の物を添附し，又はその内容を引用してはならない。

　当該規定は，検察官が起訴する際には裁判官の予断を防ぐために，証拠書類や証拠物を添附せずに，起訴状のみを提出することが明文上定められている規定である。これは，**起訴状一本主義**といわれる制度である。仮に，裁判官が事前に証拠書類や証拠物に目を通していると，公正な判断が出来ず，被告人にとって不利となる可能性が高くなる。起訴状一本主義を採ることにより，裁判官が予断を持つことなく，真っ白な状態で以って，公平な第三者の観点から審理を行うことが可能となる。

　また訴訟の構図について着目したい。現在の刑事裁判での登場人物は，対峙する検察官・被告人と審理を行う裁判官であるが，このように三者により形成されているものを**弾劾主義**と称する。現在の刑事訴訟の構図は弾劾主義である。三者間の構図となる弾劾主義に対し，検察官を兼ねる形態で裁判官が一方的に被告人を取り締まるという，訴訟の構図が裁く側（裁判官）と裁かれる側（被告人）の二者となるものを**糾問主義**と称する。図9.1に代表されるように，江

図9.13　弾劾主義と糾問主義の構図

戸時代に見られた白洲裁判は糾問主義であったといえよう（図9.13を参照）。

　この弾劾主義と糾問主義の差は，訴訟の開始という点で大きく違いが出てくる。弾劾主義の場合は，検察官が刑事事件につき裁判を求め訴えを起こすこと，つまり**起訴**をすることにより，裁判官は裁判を開始する。対する糾問主義は，犯罪を捜査し訴追を行う役割と審判を行う役割が同じ機関で行われるので，裁判を行う主体である裁判官が被告人を捉え，自らの職権で裁判を開始する。現在の日本での刑事裁判は，検察官が裁判所に起訴状を提出することにより行われていることからも（刑事訴訟法256条），弾劾主義を採っていることが分かる。

　但し，刑事訴訟では検察官と被告人が中心となり，裁判官は公正中立な立場で審判としての役割を担うという当事者主義が原則ではあるものの，刑事裁判では裁判所が主導権を握る場面も存在する。例えば，職権による証拠調べに関する規定である。

> 刑事訴訟法298条2項
> 裁判所は，必要と認めるときは，職権で証拠調をすることができる。

　裁判所が自ら裁判の主体となることを，当事者主義に対する概念として**職権主義**というが，日本の刑事訴訟は当事者主義を原則としつつ，職権主義的色彩も帯びているという特徴がある。というのも，民事裁判では当事者間で争いのない事実については客観的事実と異なっても構わずに審理がなされるのに対し，刑事裁判では事案の真相解明を目的としているという違いがあるためである。これは，刑事訴訟法1条に次のように規定されていることからも明らかである。

> 刑事訴訟法1条
> この法律は，刑事事件につき，公共の福祉の維持と個人の基本的人権の保
> 障とを全うしつつ，事案の真相を明らかにし，刑罰法令を適正且つ迅速に
> 適用実現することを目的とする。

　当事者主義を突き詰めてゆくと相手方に有利な証拠が顕出されず，真相解明
の場が失われる可能性があり得る。そうしたことを防ぎ，真相を解明する目的
のために，刑事裁判では裁判所が自ら介入することが認められていることの趣
旨に基づく。

　刑事裁判では，国民の生命・身体・財産を保護し，治安の維持を図るために，
国家が刑罰権を発動することとなる。裁判で有罪と判断されると，被告人に刑
罰が科されるが，日本では次の規定により刑の種類が定められている。

> 刑法9条
> 死刑，懲役，禁錮，罰金，拘留及び科料を主刑とし，没収を付加刑とする。

　**死刑**は，重大な犯罪行為に対する刑罰として受刑者の生命を奪う刑罰であり，
**生命刑**とも称される。日本の死刑は，法務大臣の命令により，絞首刑が執行さ
れる（刑法11条，刑事訴訟法475条）。

　**懲役刑・禁錮刑・拘留**は，受刑者を刑事施設に一定期間拘置し，自由を奪う
刑罰であり，**自由刑**とも称される。自由刑はそれぞれ拘置期間と労働の有無に
より区別されており，拘置期間が1カ月以上で労働を行うのが懲役刑（刑法12
条），拘置期間が1カ月以上で労働を行う必要が無いのが禁錮刑（同法13条），
拘置期間が1カ月未満で労働を行う必要が無いのが拘留（同法16条）である。

　**罰金刑・科料・没収**は，受刑者の財産を徴収する刑罰であり，**財産刑**とも称
される。罰金刑は原則1万円以上（同法15条），科料は1千円以上1万円未満
（同法17条），没収は犯罪行為に使用された物などの所有権をはく奪する刑罰
（同法19条）である。

　刑事裁判では，被告人に対し生命・身体の自由・財産を奪うことにもなりか

• Case Study ⑧ •　　　　　　　　　　　　　死刑合憲判決

　死刑の存廃論は，日本のみならず世界各国でも活発に議論され続けているテーマであるが，現在のところ日本では死刑が認められている。これまで，日本での死刑制度をめぐり提起され，合憲の判決を受けた裁判例があるので，紹介しておこう。

　憲法では拷問及び残虐な刑罰が禁止されているが（憲法36条），死刑制度が残虐な刑罰に該当するか否か，ということが争われた際には，「死刑は，（略）まさに窮極の刑罰であり，また冷厳な刑罰ではあるが，刑罰としての死刑そのものが，一般に直ちに同条にいわゆる残虐な刑罰に該当するとは考えられない。ただ死刑といえども，他の刑罰の場合におけると同様に，その執行の方法等がその時代と環境とにおいて人道上の見地から一般に残虐性を有するものと認められる場合には，勿論これを残虐な刑罰といわねばならぬから，将来若し死刑について火あぶり，はりつけ，さらし首，釜ゆでの刑のごとき残虐な執行方法を定める法律が制定されたとするならば，その法律こそは，まさに憲法第36条に違反するものというべきである」と判示された（最大判昭和23年 3 月12日刑集 2 巻 3 号191頁）。

　同判決で注目されるのが，火あぶり・はりつけ・さらし首・釜ゆでといった死刑の執行方法は残虐なもの，と指摘している点である。こうした各種の死刑執行方法は，前近代の世界では古今東西で見られたものであり，

図 9.14　磔刑執行の様子

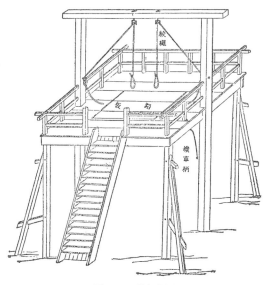

図 9.15　絞架全図

　実際に江戸時代の日本でもその様子が描かれている。かつて行われていた
ような残虐な死刑の執行は違憲としつつも，当該判決では死刑自体は合憲
としている。

　では，現行の死刑を執行する方法となっている絞首刑は，どのように判
断がなされているのだろうか。日本の死刑執行を具体的に定めている規定
は，1873年（明治 6 年）に発せられた「明治 6 年太政官布告第65号」に遡
ることが出来る。

　同布告では，絞首刑を執行する際の方法や踏板・絞縄といった刑具につ
き定められているが，この布告につき，「死刑の執行方法に関する事項を
定めた所論明治 6 年太政官布告65号は，同布告の制定後今日に至るまで廃
止されまたは失効したと認むべき法的根拠は何ら存在しない」と，有効に
解されており，現在もその法的効力はあるものとされている（最大判昭和
36年 7 月19日刑集15巻 7 号1106頁）。

　同布告は最高裁判所で有効とされたものの，実際のところ現在の死刑執

行方法とは異なる点もあることには注意が必要である。特に，明治期には受刑者は階段を上らせるという地上絞架式だったのに対し，現在は受刑者を平地から地下に設けた掘割へと落とすという地下掘割式が採られていることは大きな違いとして指摘出来よう。

　こうした点から，現代にも存置されている死刑という重大な刑罰執行方法を，明治時代に制定された太政官布告に準拠していることに関して疑問を呈する意見が示されているし，また近時の判例でも「生命を奪う究極の刑である死刑の執行方法について，今もなお，140年も前の明治6年に太政官布告として制定され，執行の現状とも細部とはいえ数多くの点で食い違いが生じている明治6年太政官布告に依拠し，新たな法整備をしないまま放置し続けていることは，（略）立法政策として決して望ましいものではない」という見解が示されていることは注目される（大阪高判平成25年7月31日判タ1417号174頁）。

ねないので，国家が刑罰権を振りかざし，不当に被告人の人権を侵害することが無いように，刑事手続が適正になされることが憲法の上でも保障されている（憲法31条）。

　この刑事裁判における**適正手続の保障**は，アメリカ合衆国憲法に定められているデュー・プロセス（due process of law）に由来する観念であり，例えば国家が刑罰権を発動し個人の権利を制約する際には，原則として裁判官の令状により事前の審査を要するという**令状主義**（憲法33条），強制・拷問・脅迫といった強制的な手段により得られた任意性を欠くと認められる自白は，証拠能力が認められないとする**自白法則**（憲法38条2項，刑事訴訟法319条1項）といった，人権保障が求められている。

　さらに，刑事訴訟における重要な原則を示す条文が，次のものである。

刑事訴訟法336条
被告事件が罪とならないとき，又は被告事件について犯罪の証明がないと

きは，判決で無罪の言渡をしなければならない。

　古来から知られている法格言に**疑わしきは被告人の利益**にという原則があり，仮に証拠を収集し審理を充分に尽くしたとしても，真偽が不明となった場合や，犯罪事実に疑いを挟む余地が少しでも出た場合は，冤罪を防ぐという観点からも全て無罪と推定されることになる。実際のところ判例においても，「疑わしきは被告人の利益に」の原則は「刑事裁判における鉄則」であるとの指摘がなされている（最決昭和50年5月20日刑集29巻5号177頁）。

　尚，国内法のみならず，国際法においてもこの原則は確立しており，例えば，市民的及び政治的権利に関する国際規約14条2項にて，「刑事上の罪に問われているすべての者は，法律に基づいて有罪とされるまでは，無罪と推定される権利を有する」と規定されている。


④行政訴訟

　民事訴訟や刑事訴訟とは少し異なる訴訟形態として，行政訴訟がある。**行政訴訟**とは，私人が国や行政団体などを相手に訴えを提起する裁判である。

　行政訴訟の形態には，大別すると2つの類型がある。1つは，ドイツ・フランスの大陸法系の諸国で見られるように，司法裁判所で民事事件・刑事事件を扱い，行政事件は別に設置される行政裁判所にて扱うとするものである。もう1つは，アメリカ・イギリスの英米法系で見られるように，民事事件・刑事事件と併せて行政事件も通常の裁判所で扱うものである。

　日本では，明治期の大日本帝国憲法は大陸法系の影響を受け，司法裁判所とは別に**行政裁判所**の設置が認められた（大日本帝国憲法61条）。そして，1890年（明治23年）に行政裁判法が制定され，同法に基づき行政裁判所が東京に設置されることとなった（行政裁判法1条）。

　戦前の行政裁判所では，設置当初での新受件数は毎年100件程度で推移し，1904年（明治37年）には1,290件までに増加し，ピークを迎えた。その後の大正期・昭和前期でも，行政裁判所での新受件数は年間300件程度あったものの，

行政裁判所が東京に1カ所しか設けられ
なかったこと，一審で上訴が認められな
かったこと，行政裁判所に訴え出る事項
が「行政庁ノ違法処分ニ関スル行政裁判
ノ件」にて①海関税を除く租税及び手数
料の賦課に関する事件，②租税滞納処分
に関する事件，③営業免許の拒否又は取

図9.16　戦前の行政裁判所

消しに関する事件，④水利及び土木に関する事件，⑤土地の官民有区分の査定
に関する事件，と限定されていたこと，など，行政訴訟の手続き面で不備を抱
えていた。

　その後，アメリカ法の影響の下で制定された現行憲法では，司法裁判所とは
異なる特別裁判所の設置は認められていない（憲法76条2項）。よって，行政訴
訟も通常の司法裁判所にて扱われる。

　行政訴訟の性格については，民事訴訟・刑事訴訟と並ぶ独立した訴訟類型と
見るよりも，広義の民事訴訟に含まれるとする見解が一般的である。これは，
訴訟の当事者の一方が私人となるために基本的には民事訴訟と同様の構図が形
成されていることや，行政訴訟の手続きを定めている行政事件訴訟法に次の規
定が置かれていることによる。

---

行政事件訴訟法7条
　行政事件訴訟に関し，この法律に定めがない事項については，民事訴訟の
　例による。

---

　行政事件訴訟法に定めのない事項については民事訴訟法の規定を準用するこ
ととなるため，行政訴訟は民事訴訟の一類型として見ることが出来る。但し，
行政訴訟は国や公共団体を相手取った訴訟であることから，裁判所は職権で証
拠調べを行うことが認められており（行政事件訴訟法24条），民事訴訟とは異
なった性格を有している点に特徴がある。

　行政事件訴訟法では，訴訟類型を抗告訴訟・当事者訴訟・民衆訴訟・機関訴

• 一歩先⑭ •

## 日本における行政訴訟の法整備の足跡

　行政事件訴訟法の沿革を見ると，1947年に「日本国憲法の施行に伴う民事訴訟法の応急的措置に関する法律」が制定され，民事訴訟法の手続きに則って行われることとなっていた。しかし，翌1948年に民事事件と区分する形で，行政事件に関する訴訟手続きを定めた12カ条よりなる「行政事件訴訟特例法」が制定され，その後1962年に現行の「行政事件訴訟法」が整備されたという経緯を辿っている。

　このように，当初は民事訴訟と基本的には同様の枠組みで処理されていたが，行政訴訟の特殊性に鑑みて，次第に法整備がなされていったという変遷が見て取れる。

訟の４つを定めており（同法２条），この内前者の抗告訴訟・当事者訴訟は国民の権利利益の保護を目的とする**主観訴訟**，後者の民衆訴訟・機関訴訟は行政の適正な運営確保を目的とする**客観訴訟**とに区分される。

　**抗告訴訟**とは，行政庁の公権力の行使に関する不服の訴訟のことであり（同法３条１項），行政処分や裁決の取消しを求める訴えや，無効確認を求める訴えなどがある。近年では，原子力発電所の設置許可をめぐる取消訴訟が提起されているが，これは抗告訴訟の類型になる。対する**当事者訴訟**とは，当事者間の法律関係を確認し，又は形成する処分・裁決に関する訴訟である（同法４条）。土地収用の損失補償に関する訴訟や，公務員の地位確認訴訟などが含まれる。

　**民衆訴訟**とは，国又は公共団体の機関の法規に適合しない行為の是正を求める訴訟で，選挙人たる資格その他自己の法律上の利益に関わらない資格で提起するものである（同法５条）。地方自治法に基づく住民訴訟（地方自治法242条の２）や，公職選挙法に基づく選挙の効力や当選の効力に関する訴訟（公職選挙法203条以下）などが含まれる。**機関訴訟**とは，国又は公共団体の機関相互間における権限の存否又はその行使に関する紛争についての訴訟である（行政事件訴訟法６条）。地方公共団体の長による地方公共団体の議会の議決や選挙の瑕疵をめぐる訴訟がその代表例である。民衆訴訟・機関訴訟の客観訴訟は，法律の

定める場合に法律の定める者に限り提起することが出来る（同法42条）。

　日本では，行政訴訟事件の第一審の新受件数は，近年では年間2,000件ほど
で推移している。これは諸外国と比較すると極めて少ないとされており，その
背景には私人にとって行政訴訟が利用しにくいこと，また行政訴訟の原告とな
る私人と行政機関との間で情報や知識の格差があるため，原告の勝訴率が圧倒
的に低いことなどが指摘されている。今後の行政訴訟を取り巻く環境に注視し
てゆく必要がある課題であろう。

4　裁判員制度

　従来の日本の裁判システムは，裁判官・検察官・弁護士といった法律の専門
家によって行われてきたが，2009年5月より司法に対する国民の理解の増進と
信頼向上を目的として，**裁判員制度**が導入された（裁判員の参加する刑事裁判に
関する法律1条）。

　裁判員制度は，事件ごとに職業裁判官3名と一般国民から無作為に選出され
た裁判員6名で合議体を構成し，死刑又は無期の懲役若しくは禁錮に当たる事
件，及び，死刑又は無期若しくは刑期1年以上の懲役若しくは禁錮に当たる犯
罪の内で故意の犯罪行為により被害者を死亡させた事件を対象として，有罪・
無罪の判断及び有罪の場合は量刑の司法的判断を行う制度である（同法2条・
6条）。裁判員制度の対象となるものには，殺人罪・現住建造物等放火罪・傷
害致死罪・危険運転致死罪など，刑事事件の内で重大な犯罪行為に関する事件
が含まれる。このように，現在の裁判員制度の下では，社会的関心が高い事件
に，一般国民の司法参加の実現が図られることとなっている。尚，裁判員制度
の概要や実際の運用については，国民への理解を深めるという目的により最高
裁判所によって小冊子が発行されている（図9.17を参照）。

　裁判員の選任資格は，衆議院議員の選挙権を有する20歳以上の者とされてい
るが（同法13条），法律の専門家や立法権・行政権に関与する者は裁判員の職務
に就くことが出来ない（同法15条）。また，70歳以上の者や学生，重い疾病や介

図9.17 『裁判員制度ナビゲーション』〔改訂版〕

護を要する場合，従事する事業に著しい損害が生じるおそれ，といったやむを得ない事由があれば，裁判員辞退の申し出が出来る（同法16条）。

　裁判員選任の手続きは，予め選挙人名簿から翌年に必要な裁判員候補者を無作為で抽出した名簿を作成し，具体的に事件が起訴された場合に裁判員候補者名簿から当該事件のための候補者を無作為に抽出し，質問手続きに裁判所へと呼び出す。そして，その候補者から不選任・辞退などの者を除き，さらに裁判員及び補充裁判員を選出する方法が取られている（同法20条以下）。

　裁判員は，職業裁判官と共に有罪・無罪の判断及び刑の量刑を行う際に評議に参加し，判断を下す。但し，訴訟手続きや法律解釈上の解釈に関する判断は裁判官のみが行うため，裁判員はこうした司法関連の知識は必要とされない。裁判員制度の下での評決は，裁判官1名と裁判員1名以上を含む過半数で決定されるので（同法67条），裁判官のみや裁判員の多数でのみ結論を出すことは出来ないこととなる。

　さらに，裁判員には守秘義務があり，評議の経過や裁判官・裁判員の意見，その多少の数などの秘密を守らなければならず（同法9条・70条），秘密を漏示した場合の罰則規定も設けられている（同法108条）。

・豆知識⑨・

国民の司法参加の多様なカタチ

　世界各国には，国民の司法参加の場を認める様々なカタチが存在する。大きく分けると，**陪審制**と**参審制**がある。各国での司法制度により異なる点が多々あり，場合によっては両方の制度を併存させてきたところもあるので一様ではないが，それぞれの制度の特徴をまとめると，次のようになる。

【陪審制】

　陪審制は，イギリスで生まれ発展し，アメリカに引き継がれている一般国民の司法参加の制度である。陪審制は，事件ごとに一般市民から無作為に陪審員を選出し（伝統的には陪審員は12名により構成される），原則全員一致で評決を行うこととなる。陪審制の下では，有罪・無罪の決定は陪審員が，量刑の判断は職業裁判官が担当し，役割を分担する。

　我が国における最初の国民の司法参加を試みた制度として，1873年（明治 6 年）10月に制定された参座規則がある。これには，「罪ノ軽重ヲ決スルハ判事ノ任ト雖，罪アルト否トヲ定ルハ参座ノ権トス」との規定が盛り込まれ，罪の有無を決定する参座制が採られたものであった。

　その後，日本では1923年（大正12年）に陪審法が公布され，1928年（昭和 3 年）より1943年（昭和18年）まで陪審制が導入されていた時期があった（当時の陪審法廷について，図9.18 を参照）。陪審制度について幅広く知らしめるべく，当時色々な書籍が出版された（図9.19 を参照）。また，戦後のア

図 9.18　立命館大学の松本記念ホール
　　　　　陪審法廷

図 9.19　『絵入　陪審法の解説』

メリカ占領下の沖縄でも，1963年に刑事陪審制，1964年に民事陪審制が導入され，1972年の沖縄返還まで陪審制による裁判が行われていた。

【参審制】

　参審制は，職業裁判官と一般国民から選出された参審員が合議体を形成して行われる裁判制度であり，有罪・無罪の事実認定及び量刑の判断を行う。参審制は，主に大陸法系の国々で見受けられるものであり，フランス・ドイツ・イタリアなどで用いられている。

　参審制の場合は，事件ごとではなく，任期制となっており，同一の参審員が複数の裁判を担当することがあり得るので，一定期間中に裁判の経験を積むことが予定される。つまり，参審員は言わば臨時裁判官や素人裁判官という立場で審理にあたるので，それ相応の資格や団体などの推薦により選出される場合がある。

　以上の陪審制・参審制と日本の裁判員制度の相違点を示すと，表9.2のようになる。

| | 陪審制 | 参審制 | 裁判員制度 |
|---|---|---|---|
| 選出方法 | 無作為 | 団体推薦など | 無作為 |
| 任期 | 事件ごと | 任期制 | 事件ごと |
| 評決方法 | 陪審員のみ | 裁判官との合議体 | 裁判官との合議体 |
| 判断の範囲 | 有罪・無罪の判断のみ（量刑の判断は，職業裁判官） | 有罪・無罪の判断，量刑の判断 | 有罪・無罪の判断，量刑の判断 |

表9.2　陪審制・参審制・裁判員制度の特徴の比較

　この制度の違いは，日本でかつて行われていた陪審法廷（図9.20を参照）と，現在の裁判員制度での刑事法廷（図9.21を参照）との法廷内での構図を対比すると見て取れる。

198

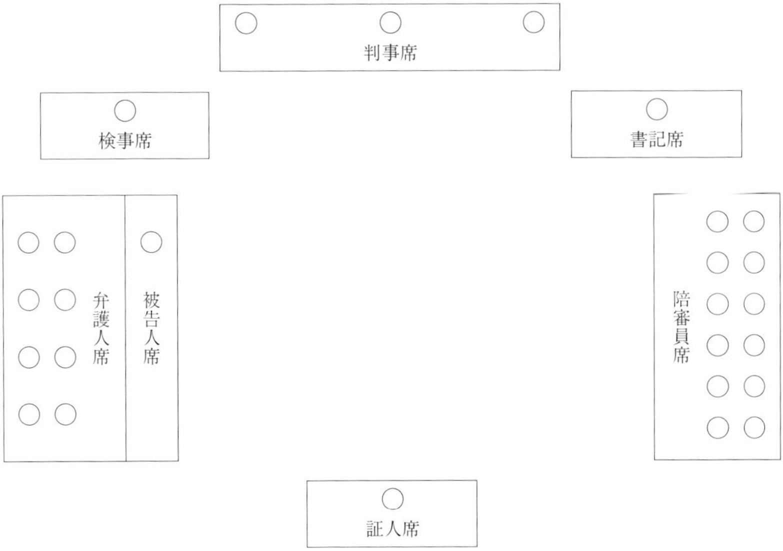

判事席

検事席

書記席

弁護人席

被告人席

陪審員席

証人席

図 9.20　陪審法廷

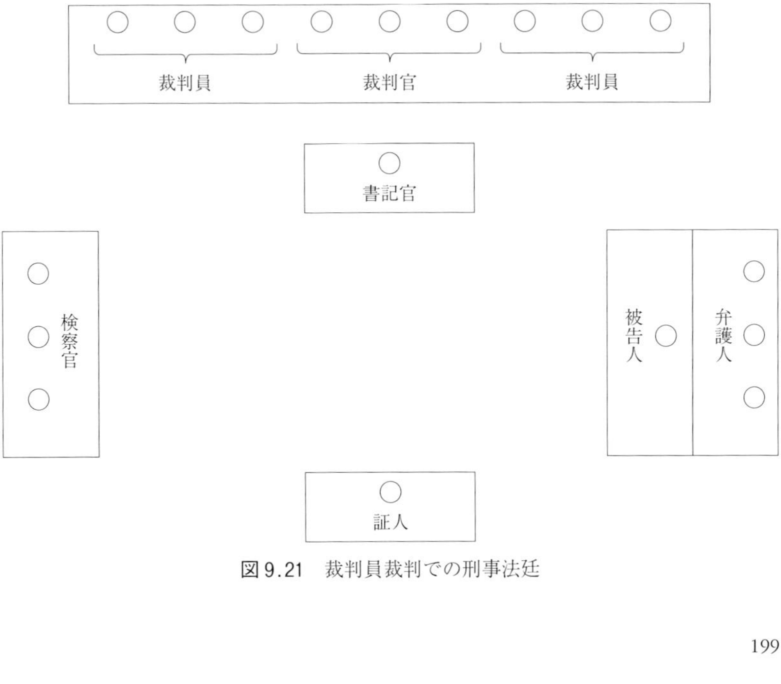

裁判員　　　裁判官　　　裁判員

書記官

検察官

被告人

弁護人

証人

図 9.21　裁判員裁判での刑事法廷

このように概観すると，日本の裁判員制度は有罪・無罪の事実認定のみ
ならず量刑の判断までを職業裁判官と共に評議をする点では，参審制の特
徴があるといえる。一方，事件ごとに無作為に一般国民が選出されるとい
う選出方法の点では，陪審制に類似する特徴もあるといえよう。

　国民の司法参加の制度として裁判員制度が実施されてから，2019年で10年を
迎えた。この間に，市民の司法感覚が実際の裁判で反映されることに対する肯
定的な意見も示されている一方で，裁判員の心理的負担からネガティブな意見
も寄せられている。また，裁判員が参加するのは第一審の審理のみであるため，
裁判官のみで審理される控訴審で覆ることもあるが，この現状について市民の
司法感覚が充分に反映されていないのではないか，という疑問の声が上がって
いる。
　法律の専門家ではない者が，人を裁くというプロセスに参画することは容易
ではないが，一定の場合を除き誰しもが裁判員に選出され得るようになってい
る現状では，裁判員制度の流れを把握すると共に，今後の制度自体の具体的あ
り方や議論の行方については意識しておくべきであろう。

<table>
<tr><td>第10章</td><td>六法とリーガル・リサーチ</td></tr>
</table>

　日本は，**成文法主義**の法体系である（⇒第5章②①）。そのため六法を用いて法文にアクセスする必要がある。本章では，基本的な六法の概念やその使い方を説明すると共に，併せて法情報を収集する方法についても見てゆく。

　インターネットの発達により，最近は1クリックで簡単に情報を収集することが可能となっている。しかし，法分野では未だにタブレット端末から得られる情報だけでは，完璧なものとはならないのが現状である。デジタル情報を活用しつつ，紙媒体の情報も的確に収集できるようなスキルを身につけてゆこう。本章を読む時も，六法を横に置き，実際に広げながら読むと良いだろう。

### 1　六法の由来

　そもそも，六法の本来的な意味は，文字通り「六つの法」であった。その6

図 10.1　箕作麟祥

図 10.2　『仏蘭西法律書』

つとは，憲法・民法・刑法・商法・民事訴訟法・刑事訴訟法（明治初期には，治罪法と称していた）である。これは，日本で近代法典を編纂する際に，箕作麟祥がフランスのナポレオン法典の翻訳を進め，『仏蘭西法律書』として刊行したことに由来する（⇒第6章コラム⑩）（図10.1と図10.2を参照）。

　現在では，「六法」とは6つの法には限定されず，もう少し広い意味で「基本法」というようなニュアンスで用いている。

## 日本人と「法」との出逢い

　箕作麟祥の翻訳事業により，六法の概念が日本にもたらされたが，そのきっかけとなったのが1867年のパリ万国博覧会である。

　これは日本が初めて参加した万博としても知られているが，万博の開催期間中に物品を出展した日本人の商人であった清水卯三郎と吉田次郎とが，

図10.3　栗本鋤雲

貨物授受によるトラブルに見舞われた。その際に，ナポレオン法典に基づき現地で裁判が行われた模様につき，栗本鋤雲（1822年～1897年）が『暁窓追録』（1869年（明治2年）出版）に記している。

　そこでは，裁判で原告・被告双方が宣誓した後に，実情を平静沈着に陳述し，双方の話を裁判官が耳を傾けていること，数日後に裁判官により両者が呼ばれ，ナポレオン法典の第何条に従いこのような判決が下される，と裁判長により言い渡された旨が記録に残されている。

　フランスでのナポレオン法典に基づく公平な裁判の姿を見た栗本鋤雲は，強い印象を受けたようで，この法典の翻訳を企図してゆくことになる。ナポレオン法典の翻訳事業は箕作麟祥により完遂されるが，その後明治時代に行われてゆく西洋諸外国の法典・法律書を翻訳することにより，西洋法

を継受する礎となった点では，重要な視点である。

## ② 六法の基本構造

六法を正確に使いこなせる技法を身に着けることこそ，法学を学ぶ上では重要な要素になってくる。というのも，前述のように現代社会では六法とは基本法を意味するものであり，市販されている六法でも収録されている法令が多いため，六法を参照するのにある程度の慣れが必要だからである。

①六法の選び方

まず初学者が最初に戸惑うのは，どの六法を用意するのかということであろう。用途に応じて様々な六法があり，自身にとって参照するのに最も使い勝手の良いもの，且つハンディータイプの六法が選ぶのが良い。

初めての六法として常日頃から持参し，適宜参照するのに適しているものとしては，次のものがある。

- 『ポケット六法』（有斐閣）
- 『デイリー六法』（三省堂）
- 『法学六法』（信山社）

また，条文と併せて判例も掲載されている判例付き六法としては，次のものがある。それぞれの条文ごとに関連する判例の情報が掲載されている。

- 『有斐閣判例六法』（有斐閣）
- 『有斐閣判例六法 Professional』（有斐閣）
- 『模範小六法』（三省堂）
- 『模範六法』（三省堂）

収録されている法令が多いもの，より専門性が高い六法としては，次のもの
が挙げられる。学習用というよりも，むしろ実務者使用の六法といえる。

- 『六法全書』（有斐閣）

　何れの六法を用いるにせよ，法律は毎年改正がなされ，情報がすぐに古く
なってしまうので，常に新しい六法を用意しておくように心掛けるべきである。
　尚，インターネット環境が整っているならば，下記のサイトの情報も有用で
ある。

- e-Gov（https://elaws.e-gov.go.jp/search/elawsSearch/elaws_search/lsg0100/）
　本サイトでは，現行で施行されている法令（憲法，法律，政令，勅令，府令，
省令，規則）を検索できる。
　また，過去の法令を調べる際に有用なサイトとしては，次の2つがある。

- 日本法令索引（https://hourei.ndl.go.jp/#/）
　本サイトでは，現行法令のみならず，既に法的な効力が失われた廃止法令
（1886年（明治19年）2月以降）を参照できる。

- 日本法令索引〔明治前期編〕（https://dajokan.ndl.go.jp/#/）
　本サイトでは，1867年（慶應3年）10月から1886年（明治19年）2月までの法
令について，検索が可能となっている。

　但し，デジタルデータの法令にはスマートフォンさえあれば手軽にアクセス
が可能となる点では利便性があるが，参照条文へのリンクが貼られていないも
のも多いので，注意を要する。また，リーガル・リサーチを行う上で資料を収
集及び参照する際の一般的な理解でもいえることであるが，紙媒体の資料の方
がデジタルデータよりも信憑性が高い。というのも，デジタルデータは情報の

発信ソースが曖昧なものも相当あるためである。やはり，法学の初学者には，紙媒体の六法を手元に用意しておくことを強く推奨しておきたい。


②六法の使い方

　六法の準備が完了したら，最初に巻頭の「凡例」に目を通して頂きたい。凡例とは，その本の編集方針や利用方法を説明している箇所であるが，出版社により表記が異なる部分も存在するため，必ず確認することが求められる。

　基本法典でもある憲法・民法・刑法・商法・民事訴訟法・刑事訴訟法，或いはよく参照される行政手続法・労働法分野などの法令には，予め六法の小口部分（頁の断面）に爪かけの印が付されているので，それを参考にしてアクセスすると良いだろう。

　基本法典以外の法令を探す時には，六法に収録されている全法令を五十音順に掲載している「法令名索引」を利用すると良い。「法令名索引」は，六法の見返し部分にある。「法令名索引」での五十音順では一見無造作に法令が並べられているように見えるかもしれないが，巻頭に掲げられている「目次」で見るとその理由が分かる。「目次」はその六法に収録されている全法令を掲載順に並べている。そこには，公法・民事法・刑事法・社会法など，大枠でのカテゴリーが示されているので，当該法令がどのような法分野に含められるのか，ということが分かるようになっているのである。仮に，法令名が不明な場合であっても，条文のキーワードが分かれば，巻末の「総合事項索引」を手掛かりに調べることも出来る。

　続いて，各法令について見てゆく。法令の冒頭には，題名・公布年月日・法令番号が掲げられ，さらには施行年月日・改正経過の情報が記載されている。試しに，手元の六法で国会法を見てみよう。

　図10.4のように表記されている場合は，まず法令の**題名**である「国会法」が，最初に書かれてある。そして，題名の下に**公布**された年月日，つまり成立した法令が**官報**に掲載され，一般に広く知り得る状態に置かれた日付と**法令番号**が記されている。この場合，国会法は1947年（昭和22年）4月30日に法律番

図10.4　六法における法令の冒頭（例示）

国会法

（法　昭和二二・四・三〇　七九）

施行　昭和二二・五・三

改正　昭和二三法一五四、昭和二三法八七・法二一四、昭和二四法二二一、昭和三〇法三、昭和三三法一五八、昭和三三法六五、昭和三四法七〇、昭和三八法三五、昭和四〇法六九、昭和四一法八九、昭和五三法二二、昭和五八法八〇、昭和六〇法八二、昭和六一法六八、昭和六二法三六、昭和六三法八九、平成三法七二・法六二、平成五法三九、平成八法一〇三・法九二、平成九法一二三・法二六、平成一一法一一八、平成一二法一三七、平成一七法一〇九、平成一八法六三・法一一八、平成一九法五一、平成二三法一一一、平成二四法四七、平成二六法二二三・法八六

号79号として公布されたことが分かる。法令の公布後，実際に効力が発生したのはいつか，ということを示しているのが**施行日**であり，国会法は1947年（昭和22年）5月3日より，その効力を有していることとなる。さらに，改正欄である。これは，当該法令の改正過程を示している部分であり，国会法の最後の改正は2014年（平成26年）法律86号によりなされたことが記されている。

　そして，主要な法令については，冒頭の後に「目次」が附されている。「目次」により，法令の全体的な構図や条文の位置を把握することが出来る。その条文の位置であるが，いくつかのグループに分けられている。六法で民法の冒頭部分を開き，民法の目次を見ると，条文が大きな単位から**編**（へん）・**章**（しょう）・**節**（せつ）・**款**（かん）・**目**（もく）の順で分類されていることが分かる。これが，条文の大まかなグループである。

　まずは，民法の第1編を見てみると，「総則」とある。これは，民法典全体

206

● 豆知識⑩ ●
　　　　　　　　　法令の中に見る条文のグループ

　全ての法令に「編」・「章」・「節」・「款」・「目」の全てが使われているわけではなく，個々の法典の構造によって違いがある。最大単位の「編」が置かれているものに，民法・商法・会社法・刑法・民事訴訟法・刑事訴訟法・地方自治法・所得税法・法人税法・裁判所法・保険業法などが，最小単位の「目」が置かれているものには，民法・会社法・刑事訴訟法・所得税法・法人税法・保険業法などがある。

で共通する事項を法典の冒頭に括りだす手法であり，**パンデクテン方式**と称する。パンデクテン方式を採ることにより，条文の重複や繰り返しを避け，体系的に法典を構成出来るというメリットがある。パンデクテンの名称は，『ローマ法大全』の内の『学説彙纂』のギリシャ語名に由来しており（⇒第5章④④），ドイツ民法典（1900年施行）で採られている形式である。因みに，パンデクテン方式と対置されるものとして，**インスティトゥチオーネン方式**というものがある。代表的なものとしては，フランス民法典（1804年施行）が知られているが（⇒第2章図2.2を参照），こちらは人・物・行為の順に編別を構成する方法である。

　次に，条文の配置であるが，基本的には時系列に沿って置かれている。現行の日本の民法第4編第2章「婚姻」内にある4つの節を順に並べると「婚姻の成立」・「婚姻の効力」・「夫婦財産制」・「離婚」となっている。まさに，婚姻が成立するための要件，婚姻関係にある夫婦間の法的効力，そしてその財産関係，さらに離婚に至った場合の法的効果，という時系列に沿っていることが分かる。

　また，原則的な規定を先に置き，特別な場合の規定を後に置く，というのも条文配置の際のルールとなっている。民法第5編第7章第2節「遺言の方式」内にある2つの款は，順に「普通の方式」・「特別の方式」となっている。一般的に想定され得る方式を規定し，例外的に緊急を要する場合（伝染病隔離者や乗船中の者）の遺言方式を特別に定める，という構図になっている。

# ③ 条文の基本構造

　次に，条文の基本構造を見てゆこう。法律の条文は，現代日本語で表記されているが，独特な表現が使われていることもあり，若干取っ付きにくい印象もあるかも知れない。だが，基本構図とその表現に慣れてゆくと，論理的に読み解くことが出来るので，積極的に六法を引くと良いだろう。

## ①条文の見方

　まず，条文で"第□条"というのを**条名**と称する。条名の前に（　）の丸括弧で，その条文の内容を簡潔に記載した事項を**見出し**といい，条文の一部をなすものである。この見出しを見れば，その条文の規定がすぐに分かるようになっている。原則として，1条ごとに見出しが付けられる。

　一方で条文の中には，見出しが示されていないように見えるものもある。例えば，民法3条である。これは，第2章第1節は民法3条の1カ条のみで構成されているため，わざわざ新たに見出しを作る必要が無いためである。1カ条のみで構成され，見出しが作られていないものの例としては，他に商法569条や会社法46条の条文を挙げることが出来る。

　他にも，民法194条も見出しが附されていないように見えるが，これは前条の民法193条と併せて**共通見出し**が置かれているためである。つまり，内容的に同一事項で括られるものについては，最初の条文にのみ共通見出しを置き，以降の条文には見出しを置かないようにしているのである。共通見出しのケースとしては，他にも民法234条と同法235条，会社法38条と同法39条，などがある。

　さらに，法令全体で見出しが無いものがある。憲法の原本を見てみると，図10.5のようになっている。

　このように原本で見ると，憲法には条名の前に見出しが附されていない。これは1948年以前に制定された法令には，見出しが附されていなかったためである。対して，手元の六法で憲法を見ると，丸括弧とは異なる【　】や［　］と

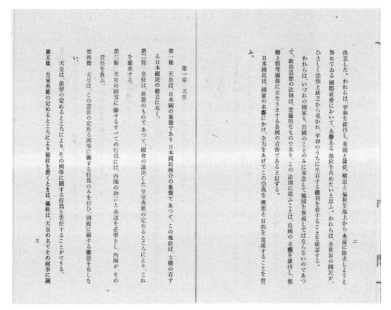

図10.5　現行憲法の原本

　いったカギ括弧で，キーワードが記されていることが確認出来る。これは，あくまでも六法の編者が便宜上附したものである。丸括弧の（　）で示されるところの見出しは，条文の一部をなすものであるため，形式・位置・語句の文言はどの六法を参照しても共通しているが，【　】や［　］の形式・位置・語句の文言は，六法の各出版社によって違いがある。近年は，法改正と併せて見出しを附すようにはなっているが，一見似ているように括弧があるように見えても，その意味が異なっていることは理解しておく方が良いだろう。

　さらに，法改正に伴い，条文を追加或いは削除する際にも，工夫が見られる。例えば，条文を追加する場合，1つには後続の条名の番号を繰り下げてゆくという方法があり得る。但し，これでは法改正後に混乱が生じる可能性があり，また関連する他の法令も併せて改正する作業が煩雑になること，などの点からあまり好ましく無い。そこで，法改正で条文を追加する際に用いる手法が，"第□条の2"のような形式である（例えば，民法3条の2や民法32条の2，など

がある）。これを**枝番号**と称する。また，条文を削除する場合は，条名の番号を繰り上げるのではなく，単に「削除」と記し，条名の番号を変更しない方法が主に取られている（例えば，刑法200条や民法38条から84条まで，などがある）。

さらに，六法の条文の末尾を見ると，**参照条文**が示されている。ここから，法令は単独で成り立っているわけではなく，他の法令とも関わっていることが理解できる。法令の関連性や条文の意義を把握するためには，参照条文も併せて見てゆくのが望ましい。

②条文の読み方

次に，個々の条文を見てゆこう。まず，法令上の意味を有する固まり部分を**条**といい，さらに条の中で段落を分ける際に，①・②・③のようにアラビア数字で**項**の番号が振られる。例えば，民事訴訟法11条を引いてみると，次のように記載されている。

---

民事訴訟法11条
①当事者は，第一審に限り，合意により管轄裁判所を定めることができる。
②前項の合意は，一定の法律関係に基づく訴えに関し，かつ，書面でしなければ，その効力を生じない。
③第一項の合意がその内容を記録した電磁的記録によってされたときは，その合意は，書面によってされたものとみなして，前項の規定を適用する。

---

ここでアラビア数字で番号が振られている箇所が項となる。つまり，民事訴訟法11条1項というと，「当事者は，第一審に限り，合意により管轄裁判所を

• 豆知識⑪ •　　　　　　　　　　　　　六法の表記

六法の表記では，第1項からアラビア数字が振られているものがあるかも知れないが，法令の原文では第1項には数字は振られておらず，あくまでも出版社が便宜上附したものである。原文では，条名の下に1字空けて書き出し，第2項以降から番号が振られている。

定めることができる」の部分を示していることになる。

　条・項での中身の構成を見ると，1文のものもあれば，2文のものもある。
この内，2文で構成されているものについて，第1文を**前段**，第2文を**後段**と
称する。3文に及ぶものは，第1文を前段，第2文を**中段**，第3文を後段とい
う。憲法11条を見ると，次のように規定されている。

---

憲法11条
国民は，すべての基本的人権の享有を妨げられない。この憲法が国民に保
障する基本的人権は，侵すことのできない永久の権利として，現在及び将
来の国民に与へられる。

---

　この条文は2文から構成されているので，「国民は，すべての基本的人権の
享有を妨げられない」の部分が前段となり，「この憲法が国民に保障する基本
的人権は，侵すことのできない永久の権利として，現在及び将来の国民に与へ
られる」の部分が後段となる。

　尚，2文で構成されている条文で，後段の文章が「但し」(「ただし」・「但シ」
と表記されている場合も含む)から始まる場合は**但書**と称し，その前の文章を**本
文**と称する。刑法15条の規定で見てみよう。

---

刑法15条
罰金は，一万円以上とする。ただし，これを減軽する場合においては，一
万円未満に下げることができる。

---

　刑法15条は2文で構成されており，「罰金は，一万円以上とする」が本文，
「ただし，これを減軽する場合においては，一万円未満に下げることができる」
は但書となる。

　条・項の中で，事項を列挙する場合は，一・二・三のように漢数字が用いら
れる。これを**号**という。漢数字で示されている号をさらに細分化する場合は，
イ・ロ・ハ……，(1)・(2)・(3)……，(i)・(ii)・(iii)……，の表記が使われる(例え
ば，私的独占の禁止及び公正取引の確保に関する法律2条を見ると，号の中で細分化し

211

ている）。尚，号の前に置かれる文章は，柱書（はしらがき）という。会社法27条を例に見て
みよう。

---

会社法27条

株式会社の定款には，次に掲げる事項を記載し，又は記録しなければなら
ない。

一　目的

二　商号

三　本店の所在地

四　設立に際して出資される財産の価額又はその最低額

五　発起人の氏名又は名称及び住所

---

本条文の「株式会社の定款には，次に掲げる事項を記載し，又は記録しなけ
ればならない」という部分が，柱書である。そして，漢数字の「一」から
「五」までの部分が，号となる。仮に，「本店の所在地」を規定している箇所を
示すには，会社法27条3号という表記になる。

以上のことを踏まえ，具体的に民法13条を見ながら，図10.6でそれぞれの
名称を確認しておこう。

尚，条文に接するにあたり注意を要するのが，法令用語は類似する用語で
あっても厳密にその使い分けをしていることが多いということである（⇒第4
章豆知識③）。法令用語を正確に理解するためには，こうした文言の使い分けに
も意識しなければならないが，その際に，利用すると良い辞書や用語の解説書
としては，次のものがある。


- 法令用語研究会編『法律用語辞典』［第4版］（有斐閣，2012年）
- 吉田利宏『新法令用語の常識』（日本評論社，2014年）
- 三省堂編修所編『デイリー法学用語辞典』（三省堂，2015年）
- 高橋和之他編『法律学小辞典』［第5版］（有斐閣，2016年）
- 角田禮次郎他共編『法令用語辞典』［第10次改訂版］（学陽書房，2016年）

（保佐人の同意を要する行為等）【見出し】

第十三条【条名】

被保佐人が次に掲げる行為をするには、その保佐人の同意を得なければならない。【本文】ただし、第九条ただし書に規定する行為については、この限りでない。【但書】

【号】【柱書】
一　元本を領収し、又は利用すること。
二　借財又は保証をすること。
三　不動産その他重要な財産に関する権利の得喪を目的とする行為をすること。
四　訴訟行為をすること。
五　贈与、和解又は仲裁合意（仲裁法（平成十五年法律第百三十八号）第二条第一項に規定する仲裁合意をいう。）をすること。
六　相続の承認若しくは放棄又は遺産の分割をすること。
七　贈与の申込みを拒絶し、遺贈を放棄し、負担付贈与の申込みを承諾し、又は負担付遺贈を承認すること。
八　新築、改築、増築又は大修繕をすること。
九　第六百二条に定める期間を超える賃貸借をすること。
十　前各号に掲げる行為を制限行為能力者（未成年者、成年被後見人、被保佐人及び第十七条第一項の審判を受けた被補助人をいう。以下同じ。）の法定代理人としてすること。

【項】2　家庭裁判所は、第十一条本文に規定する者又は保佐人若しくは保佐監督人の請求により、被保佐人が前項各号に掲げる行為以外の行為をする場合であってもその保佐人の同意を得なければならない旨の審判をすることができる。【本文】ただし、第九条ただし書に規定する行為については、この限りでない。【但書】

【項】3　保佐人の同意を得なければならない行為について、保佐人が被保佐人の利益を害するおそれがないにもかかわらず同意をしないときは、家庭裁判所は、被保佐人の請求により、保佐人の同意に代わる許可を与えることができる。

【項】4　保佐人の同意を得なければならない行為であって、その同意又はこれに代わる許可を得ないでしたものは、取り消すことができる。

※　原文を掲げたが、説明の便宜のため、囲み線・下線部・矢印部分を筆者で加筆した。

図10.6　条文の読み方（例示）

日常の中では，あまり日本語の文法を気にしながら生活することは無いと思われるが，条文を読み解く際には，立法者は何故この用語を用いたのか，或いは学者や裁判官はどのようにその用語の意味を解釈しているのだろうか，という点まで見てゆくと，より理解が進むだろう。

## 4 リーガル・リサーチ
### ——図書編——

　法学文献の情報を収集する際に基本となるのが，必要としている情報が掲載されている図書・書籍に辿り着くことである。図書・書籍を検索する際に，まずは所属先の大学図書館を利用するのが最も便利であろう。大学図書館には，OPAC（Online Public Access Catalog）というオンライン蔵書目録があるので，その端末から所蔵されている書籍の情報を探すのが基本的な作業となる。書籍のタイトル以外にも，著者名や出版年，キーワードの情報から検索することが可能である。

　さらに，国立国会図書館のオンラインのサイト（https://ndlonline.ndl.go.jp/）も有用である。国立国会図書館には，原則として日本で出版された全ての図書が納本されることとなっており，日本国内における図書の情報を収集することが出来る。実際に国立国会図書館内で閲覧することが出来るが，その他にも，国立国会図書館デジタルコレクションにて，インターネットで公開されている貴重資料を検索・閲覧することも可能である。

## 5 リーガル・リサーチ
### ——論文編——

　書籍の出版には一定の時間がかかってしまうのに対し，論文はより迅速にタイムリーな問題について検討することが可能なので，利便性が高い。こうした論文を収録している法律雑誌にも目を通しておくことが求められる。

　紙媒体の雑誌で刊行されているものには，いくつかの種類がある。


【商業誌】

商業出版社が発行している雑誌の主要なものとしては，次のものがある。

| 雑誌タイトル | 出版社 | 発行年 |
| --- | --- | --- |
| 月刊『ジュリスト』 | 有斐閣 | 1952年（昭和27年）〜 |
| 季刊『論究ジュリスト』 | 有斐閣 | 2012年（平成24年）〜 |
| 『法律時報』 | 日本評論社 | 1929年（昭和 4 年）〜 |
| 『法学教室』 | 有斐閣 | 1980年（昭和55年）〜 |
| 『法学セミナー』 | 日本評論社 | 1956年（昭和31年）〜 |
| 『法曹時報』 | 法曹会 | 1949年（昭和24年）〜 |

表 10.1　主要な商業誌一覧


【分野別法学雑誌】

　特定の分野に特化している法学雑誌の主要なものとしては，次のものがある。

| 雑誌タイトル | 出版社 | 発行年 |
| --- | --- | --- |
| 『民商法雑誌』 | 有斐閣 | 1935年（昭和10年）〜 |
| 『民事月報』 | 法務省民事局／法曹会 | 1944年（昭和19年）〜 |
| 『NBL』 | 商事法務 | 1971年（昭和46年）〜 |
| 『（旬刊）商事法務』 | 商事法務 | 1955年（昭和30年）〜 |
| 『刑事法ジャーナル』 | イウス出版／成文堂 | 2005年（平成17年）〜 |
| 『自治研究』 | 良書普及会／第一法規 | 1925年（大正14年）〜 |
| 『季刊労働法』 | 労働法学研究所／総合労働研究所／労働開発研究会 | 1951年（昭和26年）〜 |

表 10.2　主要な法学雑誌一覧


【紀要】

　大学や研究機関が編集・発行する論文雑誌が紀要である。主に，当該大学・

研究機関に所属する教員・研究員や大学院生が執筆した，論説・判例研究・書評・翻訳などが掲載されている。尚，大学・研究機関が発行する紀要のタイトルには似通ったものもあるので，発行元まで確認しておく方が良いだろう。

【学会誌】

　各学会で発行される機関誌が学会誌である。学会の報告内容・研究成果・論文・書評・文献目録などが掲載されている。

　こうした雑誌に掲載されている膨大な論文の中で，自身の興味関心に即した論文を検索する際に，便利なサイトが CiNii（https://ci.nii.ac.jp/）である。

　また，近年は論文のデジタル化情報が，大学のリポジトリによりインターネットで公開されているものも増えてきている。

6　リーガル・リサーチ
——判例編——

　判例について調べる際には，まずは紙媒体のものとして，別冊ジュリスト『判例百選』シリーズ（有斐閣）が，学習用の判例集として有用である。それぞれの法分野において，先例として重要な意味を有する，言わばリーディングケース（leading case）ともなっている判例が抽出されている。そして，事実の概要（判例を理解するための事実関係の整理）・判旨（判決文の重要ポイントの抜粋）・解説（当該判例の持つ意義や位置付け，学説の展開についての説明）がコンパクトにまとめられ，さらには参考文献や関連する判例の情報なども掲載されているので，初学者にとって知っておくべき判例の内容を知るために便利な構図となっている。

　『判例百選』シリーズに掲載されている判旨は，重要な部分をまとめているものであるが，判決の全文が掲載されている訳ではない。詳細な内容を知るためには，公的な判例集や民間の出版社から発行されている主要判例集・資料を

| 判例集名 | 略称 | 発行年 |
|---|---|---|
| 『大審院民事判決録』 | 民録 | 1895年（明治28年）～1921年（大正10年） |
| 『大審院刑事判決録』 | 刑録 | 1895年（明治28年）～1921年（大正10年） |
| 『行政裁判所判決録』 | 行録 | 1895年（明治28年）～1947年（昭和22年） |
| 『法律新聞』 | 新聞 | 1900年（明治33年）～1944年（昭和19年） |
| 『大審院民事判例集』 | 民集 | 1922年（大正11年）～1946年（昭和21年） |
| 『大審院刑事判例集』 | 刑集 | 1922年（大正11年）～1947年（昭和22年） |
| 『最高裁判所民事判例集』 | 民集 | 1947年（昭和22年）～ |
| 『最高裁判所刑事判例集』 | 刑集 | 1947年（昭和22年）～ |
| 『最高裁判所裁判集民事』 | 集民 | 1947年（昭和22年）～ |
| 『最高裁判所裁判集刑事』 | 集刑 | 1947年（昭和22年）～ |
| 『裁判所時報』 | 裁時 | 1947年（昭和22年）～ |
| 『高等裁判所民事判例集』 | 高民 | 1947年（昭和22年）～2002年（平成14年） |
| 『高等裁判所刑事判例集』 | 高刑 | 1947年（昭和22年）～2002年（平成14年） |
| 『下級裁判所民事裁判例集』 | 下民 | 1950年（昭和25年）～1984年（昭和59年） |
| 『下級裁判所刑事裁判例集』 | 下刑 | 1959年（昭和34年）～1968年（昭和43年） |
| 『家庭裁判月報』 | 家月 | 1949年（昭和24年）～2014年（平成26年） |
| 『行政事件裁判例集』 | 行集 | 1950年（昭和25年）～1998年（平成9年） |
| 『労働関係民事裁判例集』 | 労民 | 1950年（昭和25年）～1997年（平成9年） |
| 『訴訟月報』 | 訴月 | 1955年（昭和30年）～ |
| 『刑事裁判月報』 | 刑月 | 1969年（昭和44年）～1986年（昭和61年） |
| 『知的財産権関係民事・行政裁判例集』 | 知的裁集 | 1991年（平成3年）～1998年（平成10年） |
| 『判例時報』 | 判時 | 1953年（昭和28年）～ |
| 『判例タイムズ』 | 判タ | 1948年（昭和23年）～ |
| 『金融・商事判例』 | 金判 | 1966年（昭和41年）～ |
| 『労働判例』 | 労判 | 1967年（昭和42年）～ |
| 『交通事故民事裁判例集』 | 交通民集 | 1968年（昭和43年）～ |
| 『判例地方自治』 | 判例自治 | 1984年（昭和59年）～ |

**表10.3** 主要な判例集一覧

活用すると良いだろう。主要な判例集を一般的に用いられている略称と共に紹介するので，文献で出てきた判例を読み解く際には適宜参照されたい（表10.3参照）。

さらに，下記のサイトの情報も有用である。

• 裁判例情報（http://www.courts.go.jp/app/hanrei_jp/search1）
上記は裁判所のウェブサイトであり，無料で最新の注目判例にアクセスすることが可能である。但し，全ての判例にアクセス出来るわけではなく，古い判例は入手が出来ないものもある。

他にも，次のような有料のデータベースを利用して，過去の判例を全文入手する方法がある。

• LEX/DB（TKC：http://www.tkc.jp/law/lawlibrary）
• Westlaw Japan（ウエストロー・ジャパン：https://www.westlawjapan.com/）
これらは有料のデータベースであるが，多くの場合は大学図書館が利用契約を結んでいるので，所属先の図書館や司書の方に尋ねて確認すると良いだろう。

尚，デジタル情報を利用・活用する前に，まず情報の発信元が信頼出来るものか，さらに情報の更新が定期的に行われているのか，といったことを確認すべきである。これは，デジタル情報は，すぐに書き換えられる可能性があること，情報が更新されず古い情報のままの状態となっているサイトもあること，情報の発信源が曖昧な場合があること，などデジタル情報ならではの課題を抱えているためである。

デジタル情報のリサーチスキルを身につけるのは大変重要ではあるものの，デジタル媒体の情報のみを鵜呑みにしないためにも，紙媒体で発信される情報も併せて的確に収集する能力を習得することが求められるだろう。

# おすすめブックガイド

　筆者が法学の勉強を開始した頃に，とある先生に言われた言葉がある。「法学の勉強は，山を制覇するようなものである」と。山を登るには色々な登山道があり，登頂する際の様々なルートを登り切ったときに始めて山を制覇する，それがまさに法学の勉強と共通するというのである。確かに，法学を学ぶ際には条文・判例・学説といった色々な方向からアプローチすることが求められるし，独学でやり進めると思わぬところで迷子になったり，遭難してしまう点でも似通っているところがあるのかも知れない。

　本書は，これから法学という山を登ってゆく方々を対象に，途中で置いてきぼりにならないように，導入書や指南書となるべく，基本的な概念を中心に概説した。読者は，さらに色々なルートを開拓することが必要となる場面に直面するかもしれないが，そうしたもののためのツールとして，いくつかの書籍を紹介しておく。

## 川島武宜『日本人の法意識』（岩波書店，1967年）

　法学部生の必読書として位置付けられている著作である。本書は，1967年に出版されている。そのため，本書で言及されている当時の日本社会と，現代の日本社会との間には大きな差があることは意識しておく必要がある。しかし，日本人にとって法や裁判はどこか遠い存在にある，というイメージは現代でもあまり変わっていないような印象を受ける。では，その要因はどこにあるのか，「権利」「法律」「所有権」「契約」「民事訴訟」についての法律と国民の意識のズレという観点から，考察が深められる内容となっている。法学を勉強する上では，1度は目を通して頂きたい。

　尚，大木雅夫『日本人の法観念　西洋的法観念との比較』（東京大学出版会，

1983年）も併せて読むと，面白い視座が得られるだろう。

**大久保泰甫『ボワソナアド　日本近代法の父』**（岩波書店，1977年）

現在の日本の法体系や裁判制度の基礎は，明治時代に西洋法を継受したことによって築かれたものである。明治時代に，日本が西洋法を学び取った手段として，お雇い外国人の招聘を積極的に行ったことが知られている。法学分野では，多くの法律家たちが日本に招かれ，法典の編纂事業に携わったが，中でもボワソナードについての功績は大きなものがある。ボワソナードの人物史としての側面からも彼の業績について繙かれている本書からは，明治時代に進められた日本の法継受史の一端が伝わってくる。

さらに，日本が西洋法を継受した後，今度は外国政府から日本人お雇い外国人が招聘されるといったケースも出てくるようになった。**香川孝三『政尾藤吉伝　法整備支援国際協力の先駆者』**（信山社，2002年）は，タイでの近代法継受に大きな役割を果たした政尾藤吉を取り上げている。

**いしかわまりこ・藤井康子・村井のり子著，指宿信・齊藤正彰監修『リーガル・リサーチ』**［第5版］（日本評論社，2016年）

法学文献を入手するためには，本書を手掛かりにしてゆくことが求められる。簡単に Google や Yahoo! JAPAN などの検索エンジンを利用すればある程度の情報に接することは出来るが，それでも正確な情報に辿り着くまでには，コツが必要である。本書では「法令」「判例」「文献」を調べるにあたり，様々な書誌情報や電子情報について挙げられており，また図解なども交えて解説がなされているため，時代に合ったリサーチ方法が身につくことが期待される。手元に置きながら活用すると良いだろう。

また，外国法について調べる際には，まずは**北村一郎編『アクセスガイド外国法』**（東京大学出版会，2004年）を参照されたい。

法制執務用語研究会『条文の読み方』（有斐閣，2012年）

青木人志『判例の読み方』（有斐閣，2017年）

　初学者がいきなり六法を引いたり，判例の情報に接しても，なかなかスラスラと読みこなすのは難しい。むしろ，条文で用いられている用語の正確な意味や，判例の形式をきちんと理解しないままで我流で読み進めると，中途半端な理解に止まってしまう虞がある。そうなる前に，まず手に取るのが望ましい書籍である。それぞれ平易な語り口で，初学者にとって間違いやすい言葉や概念を説明しているので，六法や判例を読み進める際には，こちらの書籍も併せて参照すると良い。

　併せて，吉田利宏『元法制局キャリアが教える法律を読む技術・学ぶ技術』[改訂第3版]（ダイヤモンド社，2016年）も，初学者向けの入門書として定評がある著作である。こちらは，憲法，民法，刑法，行政法の各法分野の学習方法についても取り上げている。判例の読み方や学習方法，リサーチ方法等，判例学習の全般をカバーしている本としては，池田真朗編著『判例学習のA to Z』（有斐閣，2010年）もある。


飯考行・裁判員ラウンジ編著『あなたも明日は裁判員⁉』（日本評論社，2019年）

牧野茂・大城聡・飯考行『裁判員制度の10年　市民参加の意義と展望』（日本評論社，2020年）

　2009年に裁判員制度が導入され，今日まで裁判員制度に関する多くの書籍が出版されている。裁判員制度に関する概説書や批判的な見地から綴られたもの，さらには日本人の法意識や実験心理学といったテーマから分析がなされている研究書や学術書などが公刊されている。そうした中で，裁判員制度の運用が始まってからの10年間の軌跡を，法曹関係者や研究者のみならず，市民団体も交え，多種多様な意見のやり取りが示されているのが，これらの書籍の特徴である。果たして裁判員制度の導入に伴い，法や裁判所に対するイメージの変化はあったのだろうか，という点も踏まえながら読み進めてゆくと良いだろう。

# 主要参考文献

　本書は，これまでの先行研究の成果をベースに，全くの初学者を対象に法学の概念を平易に解説するという趣旨によるものである。より詳細に知りたいという読者は，下記の参考書を活用しながら，さらに法学の奥深い世界観を眺望して頂ければ，幸いである。書店や大きめの図書館などで入手可能なものもあるが，入手が難しいものであっても，国立国会図書館や CiNii などを利用して，アクセスしてゆくと良いだろう。

　尚，各法分野の概説書や定番の教科書として，色々な書籍が出版されている。どの本を利用すればよいのか，という点で迷うかもしれないが，各人の好みや使い勝手の良さという点からまずはお気に入りの 1 冊を見つけて，それをしっかりと読みこなす，という手法で勉強すると捗るだろう。

## 概説書

伊藤正己・加藤一郎編『現代法学入門』［第 4 版］（有斐閣，2005 年）

丹羽重博編著『やさしい法学』［第 3 版］（法学書院，2006 年）

団藤重光『法学の基礎』［第 2 版］（有斐閣，2007 年）

田島信威『法令入門　法令の体系とその仕組み』［第 3 版］（法学書院，2008 年）

利光三津夫・林弘正『法学　法制史家のみた』［追補版］（成文堂，2010 年）

青木人志『グラフィック法学入門』（新世社，2012 年）

笹倉秀夫『法学講義』（東京大学出版会，2014 年）

末川博編『法学入門』［第 6 版補訂版］（有斐閣，2014 年）

霞信彦編『法学概論』（慶應義塾大学出版会，2015 年）

木佐茂男他著『テキストブック現代司法』［第 6 版］（日本評論社，2015 年）

田中成明『法学入門』［新版］（有斐閣，2016 年）

フレッシャーズ法学演習編集委員会編『フレッシャーズ法学演習』（中央経済社，2016 年）

五十嵐清『法学入門』［第 4 版新装版］（日本評論社，2017 年）

道垣内弘人『プレップ法学を学ぶ前に』［第 2 版］（弘文堂，2017 年）

山川一陽・根田正樹・和知賢太郎編『アプローチ法学入門』（弘文堂，2017 年）

道垣内正人『自分で考えるちょっと違った法学入門』［第 4 版］（有斐閣，2019 年）

## 公法（憲法・刑法・行政法）

佐藤幸治『日本国憲法論』（成文堂，2011年）

山口厚『刑法』［第3版］（有斐閣，2015年）

島伸一編『たのしい刑法Ⅰ　総論』［第2版］（弘文堂，2017年）

野澤充「刑法典における一般的自首規定の制度根拠——明治期以降の規定を素材に」『法政研究』84-3（2017年）

初宿正典・大沢秀介・高橋正俊・常本照樹・髙井裕之編著『目で見る憲法』［第5版］（有斐閣，2018年）

稲葉馨・人見剛・村上裕章・前田雅子『行政法』［第4版］（有斐閣，2018年）

宇賀克也『行政法概説Ⅱ　行政救済法』［第6版］（有斐閣，2018年）

芦部信喜著・高橋和之補訂『憲法』［第7版］（岩波書店，2019年）

佐久間修・橋本正博・上嶌一高『刑法基本講義　総論・各論』［第3版］（有斐閣，2019年）

宇賀克也『行政法概説Ⅰ　行政法総論』［第7版］（有斐閣，2020年）

初宿正典・高橋正俊・米沢広一・棟居快行『いちばんやさしい憲法入門』［第6版］（有斐閣，2020年）

## 私法（民法・商法）

菅野耕毅『信義則および権利濫用の研究——わが国の学説と判例の展開』（信山社，1994年）

倉澤康一郎監修『口語六法全書　口語商法』［補訂2版］（自由国民社，2005年）

近江幸治『民法講義Ⅱ　物権法』［第3版］（成文堂，2006年）

中尾英俊『入会権——その本質と現代的課題』（勁草書房，2009年）

田邊光政『商法総則・商行為法』［第4版］（新世社，2016年）

近江幸治『民法講義Ⅰ　民法総則』［第7版］（成文堂，2018年）

近江幸治・椿寿夫編著『強行法・任意法の研究』（成文堂，2018年）

潮見佳男『民法（全）』［第2版］（有斐閣，2019年）

道垣内弘人『リーガルベイシス民法入門』［第3版］（日本経済新聞出版社，2019年）

松川正毅『民法　親族・相続』［第6版］（有斐閣，2019年）

## 司法制度・訴訟法

『絵入　陪審法の解説』（関西陪審法普及協会，1932年）

『行政裁判所五十年史』（行政裁判所，1941年）

最高裁判所事務総局編『裁判所百年史』（大蔵省印刷局，1990年）

日本弁護士連合会編『沖縄の陪審裁判——復帰前の沖縄陪審制の調査報告』（高千穂書房，1992年）

樫見由美子「『附帯私訴』について」『金沢法学』45-2（2003年）

川出敏裕「付帯私訴制度について」廣瀬健二・多田辰也編『田宮裕博士追悼論集』下巻（信山社，2003年）

山本和彦・山田文『ADR 仲裁法』（日本評論社，2008年）

市川正人・坂巻匡・山本和彦『現代の裁判』［第7版］（有斐閣，2017年）

上原敏夫・池田辰夫・山本和彦『民事訴訟法』［第7版］（有斐閣，2017年）

池田修・前田雅英『刑事訴訟法講義』［第6版］（東京大学出版会，2018年）

『裁判員制度ナビゲーション』［改訂版］（最高裁判所，2018年）

山本和彦『ADR 法制の現代的課題』（有斐閣，2018年）

**諸法・外国法**

田中英夫『英米法総論　上・下』（東京大学出版会，1980年）

田中和夫『英米法概説』［再訂版］（有斐閣，1981年）

澤井裕『失火責任の法理と判例』（有斐閣，1989年）

香川孝三・金子由芳編著『法整備支援論　制度構築の国際協力入門』（ミネルヴァ書房，2007年）

後藤武秀『台湾法の歴史と思想』（法律文化社，2009年）

小寺彰・岩沢雄司・森田章夫編『講義国際法』［第2版］（有斐閣，2010年）

伊藤正己・木下毅『アメリカ法入門』［第5版］（日本評論社，2012年）

籾岡宏成『アメリカ懲罰賠償法』（信山社，2012年）

荒木尚志『労働法』［第3版］（有斐閣，2016年）

丸田隆『現代アメリカ法入門　アメリカ法の考え方』（日本評論社，2016年）

小塚荘一郎・佐藤雅彦編著『宇宙ビジネスのための宇宙法入門』［第2版］（有斐閣，2018年）

初宿正典訳『ドイツ連邦共和国基本法　全訳と第62回改正までの全過程』（信山社，2018年）

杉原高嶺『基本国際法』［第3版］（有斐閣，2018年）

滝沢正『フランス法』［第5版］（三省堂，2018年）

中西康・北澤安紀・横溝大・林貴美『国際私法』［第2版］（有斐閣，2018年）

金子由芳編『アジアの市場経済化と民事法　法体系の模索と法整備支援の課題』（神戸

大学出版会，2019年）

北村喜宣『環境法』［第 2 版］（有斐閣，2019年）

髙見澤磨・鈴木賢・宇田川幸則・坂口一成『現代中国法入門』［第 8 版］（有斐閣，2019年）

角田政芳・辰巳直彦『知的財産法』［第 9 版］（有斐閣，2020年）


**法社会学・法制史・法哲学・法文化**

勝本正晃『文芸と法律』（改造社，1929年）

美濃部達吉『公法と私法』（日本評論社，1935年）

ルドルフ・フォン・イェーリング著，原田慶吉監修訳『ローマ法の精神』第 1 巻 1 （有斐閣，1950年）

小早川欣吾『近世民事訴訟制度の研究』（有斐閣，1957年）

宮沢俊義『法律学における学説』（有斐閣，1968年）

ジョン・O・ヘイリー著，加藤新太郎訳「裁判嫌いの神話（上）・（下）」『判例時報』902・907（1978年・1979年）

野田良之「権利という言葉について」『学習院大学法学部研究年報』14（1979年）

ルドルフ・フォン・イェーリング著，村上淳一訳『権利のための闘争』（岩波書店，1982年）

星野英一編『隣人訴訟と法の役割』（有斐閣，1984年）

野田良之『内村鑑三とラアトブルフ　比較文化論へ向かって』（みすず書房，1986年）

小林直樹『法・道徳・抵抗権』（日本評論社，1988年）

池上俊一『動物裁判』（講談社，1990年）

マーク・ラムザイヤー『法と経済学　日本法の経済分析』（弘文堂，1990年）

エドワード・ペイソン・エヴァンズ著，遠藤徹訳『殺人罪で死刑になった豚　動物裁判にみる中世史』（青弓社，1995年）

池田温・劉俊文編『法律制度』（大修館書店，1997年）

森征一・岩谷十郎編『法と正義のイコノロジー』（慶應義塾大学出版会，1997年）

林屋礼二・石井紫郎・青山善充編『図説判決原本の遺産』（信山社，1998年）

赤阪俊一『神に問う　中世における秩序・正義・神判』（嵯峨野書院，1999年）

中山竜一『二十世紀の法思想』（岩波書店，2000年）

北條浩『温泉の法社会学』（御茶の水書房，2000年）

山内進『決闘裁判　ヨーロッパ法精神の原風景』（講談社，2000年）

六本佳平『日本の法システム』（放送大学教育振興会，2000年）

クリスチャン・ヴォルシュレーガー著，佐藤岩夫訳「民事訴訟の比較歴史分析　司法統計からみた日本の法文化（1）」『大阪市立大学法学雑誌』48-2（2001年）

五十嵐清「西欧法学者が見た日本法——「日本人は裁判嫌い」は神話か？」滝沢正編『比較法学の課題と展望　大木雅夫先生古稀記念』（信山社，2002年）

河合隼雄・加藤雅信編著『人間の心と法』（有斐閣，2003年）

武樹臣著，植田信廣訳『中国の伝統法文化』（九州大学出版会，2003年）

勝田有恒・森征一・山内進編著『概説西洋法制史』（ミネルヴァ書房，2004年）

青木人志『「大岡裁き」の法意識　西洋法と日本人』（光文社，2005年）

加藤雅信・藤本亮編著『日本人の契約観　契約を守る心と破る心』（三省堂，2005年）

長尾龍一『文学の中の法』［新版］（慈学社出版，2006年）

岩谷十郎「沈黙の法文化——近代日本における法のカタチ」『法学研究』82-1（2009年）

笹倉秀夫『法解釈講義』（東京大学出版会，2009年）

児玉聡「ハート・デブリン論争再考」『社会と倫理』24（2010年）

清水克行『日本神判史　盟神探湯・湯起請・鉄火起請』（中央公論新社，2010年）

田中成明『現代法理学』（有斐閣，2011年）

寺内一「古代エジプト「正義の女神」マアトから見た正義と法に関する一考察」『高千穂論叢』45-4（2011年）

石岡浩・川村康・七野敏光・中村正人著『史料からみる中国法史』（法律文化社，2012年）

瀧井一博『明治国家をつくった人びと』（講談社，2013年）

野田進・松井茂記編『新・シネマで法学』（有斐閣，2014年）

ハンス・ケルゼン著，長尾龍一訳『純粋法学』［第2版］（岩波書店，2014年）

山本博文監修『江戸「捕物帳」の世界』（祥伝社，2015年）

小沢奈々『大正期日本法学とスイス法』（慶應義塾大学出版会，2015年）

林田清明《法と文学》の法理論』（北海道大学出版会，2015年）

深田三徳・濱真一郎編著『よくわかる法哲学・法思想』［第2版］（ミネルヴァ書房，2015年）

森村進『法哲学講義』（筑摩書房，2015年）

出口雄一・神野潔・十川陽一・山本英貴編著『概説日本法制史』（弘文堂，2018年）

谷井俊仁・谷井陽子『大清律　刑律1・2——伝統中国の法的思考』（平凡社，2019年）

中山竜一・浅野有紀・松島裕一・近藤圭介『法思想史』（有斐閣，2019年）

村山眞維・濱野亮『法社会学』［第3版］（有斐閣，2019年）

## 判　例

藤倉皓一郎他編『英米判例百選』［第 3 版］（有斐閣，1996年）

中野次雄編『判例とその読み方』［三訂版］（有斐閣，2009年）

小寺彰・森川幸一・西村弓編『国際法判例百選』［第 2 版］（有斐閣，2011年）

櫻田嘉章・道垣内正人編『国際私法判例百選』［第 2 版］（有斐閣，2012年）

西村健一郎・西井正弘・初宿正典執筆代表『判例法学』［第 5 版］（有斐閣，2012年）

山口厚・佐伯仁志編『刑法判例百選　Ⅱ』［第 7 版］（有斐閣，2014年）

井上正仁・大澤裕・川出敏裕編『刑事訴訟法判例百選』［第10版］（有斐閣，2017年）

大塚直・北村喜宣編『環境法判例百選』［第 3 版］（有斐閣，2018年）

潮見佳男・道垣内弘人編『民法判例百選　1』［第 8 版］（有斐閣，2018年）

長谷部恭男・山口いつ子・宍戸常寿編『メディア判例百選』［第 2 版］（有斐閣，2018年）

水野紀子・大村敦志編『民法判例百選　3』［第 2 版］（有斐閣，2018年）

長谷部恭男・石川健治・宍戸常寿編『憲法判例百選　1』［第 7 版］（有斐閣，2019年）

長谷部恭男・石川健治・宍戸常寿編『憲法判例百選　2』［第 7 版］（有斐閣，2019年）

## 六法・法令・辞典

吉田利宏・いしかわまりこ『法令読解心得帖　法律・政省令の基礎知識とあるき方・しらべ方』（日本評論社，2009年）

法令用語研究会編『法律用語辞典』［第 4 版］（有斐閣，2012年）

吉田利宏『新法令用語の常識』（日本評論社，2014年）

三省堂編修所編『デイリー法学用語辞典』（三省堂，2015年）

高橋和之他編『法律学小辞典』［第 5 版］（有斐閣，2016年）

角田禮次郎他共編『法令用語辞典』［第10次改訂版］（学陽書房，2016年）

吉田利宏『新法令解釈・作成の常識』（日本評論社，2017年）

髙瀬文人編『ひと目でわかる　六法入門』［第 2 版］（三省堂，2018年）

『ポケット六法』（有斐閣）

『デイリー六法』（三省堂）

『法学六法』（信山社）

『有斐閣判例六法』（有斐閣）

『有斐閣判例六法 Professional』（有斐閣）

『模範小六法』（三省堂）

『模範六法』（三省堂）

『六法全書』（有斐閣）

**統計・白書**

民事訴訟制度研究会編『2016年民事訴訟利用者調査』（商事法務，2018年）

最高裁判所事務総局編『司法統計年報』（法曹会，2019年）

日本弁護士連合会編著『弁護士白書［2019年版］』（日本弁護士連合会，2019年）


**外国語文献**

*Code civil des Français*（Paris：De l'impr. de la République, 1804.）

Otto Rudolf Kissel, *Die Justitia Reflexionen über ein Symbol und seine Darstellung in der bildenden Kunst*（München：Beck, 1984.）

Wolfgang Schild, *Alte Gerichtsbarkeit Vom Gottesurteil bis zum Beginn der modernen Rechtsprechung*（München：Callwey, 1985.）

*10000 Meisterwerke der Malerei von der Antike bis zum Beginn der Moderne*（Berlin：The Yorck Project, 2001.）


**資料群**

佐久間長敬『刑罪詳説』（出版社不明，出版年不明）

唐魏徴等奉敕撰・菊池桐孫等点『隋書』（高松講道館刊，1844年）

藤田新太郎編『徳川幕府刑事図譜』（出版社不明，1893年）

水上熊吉編『前台湾高等法院長高野孟矩剛骨譚』（廣文堂書店，1902年）

大槻文彦『箕作麟祥君伝』（丸善，1907年）

的野半介編『江藤南白』（南白顕彰会，1914年）

穂積陳重『法窓夜話』（有斐閣，1916年）

『世界交通文化発達史』（東京日日新聞社，1940年）

栗本瀬兵衛編『栗本鋤雲遺稿』（鎌倉書房，1943年）

高津春繁『ギリシア・ローマ神話辞典』（岩波書店，1960年）

SD 編集部編『空間と象徴　最高裁判所庁舎における建築構想の展開』（鹿島出版会，1975年）

E・キッパー著，西村克彦訳『フォイエルバッハ伝　近代刑法学の父』（良書普及会，1979年）

柳父章『翻訳語成立事情』（岩波書店，1982年）

『官報百年のあゆみ』（大蔵省印刷局，1983年）

辻達也編『大岡政談』（平凡社，1984年）

石原道博編訳『新訂　魏志倭人伝・後漢書倭伝・宋書倭国伝・隋書倭国伝』（岩波書店，

1985年）

柴田光蔵『法格言ア・ラ・カルト　活ける法学入門』（日本評論社，1986年）

最高裁判所事務総局経理局営繕課監修『裁判所建築の歩み——明治・大正・昭和・平成』（司法協会，1995年）

今里智晃『英語の語源物語』（丸善，1997年）

高橋幹夫『絵で知る江戸時代』（芙蓉書房出版，1998年）

袁珂著，鈴木博訳『中国神話・伝説大事典』（大修館書店，1999年）

ロジャー・I・エイブラム著，中尾ゆかり訳『実録メジャーリーグの法律とビジネス』（大修館書店，2006年）

刑部芳則『洋服・散髪・脱刀　服制の明治維新』（講談社，2010年）

吉原達也・西山敏夫・松嶋隆弘編著『リーガル・マキシム　現代に生きる法の名言・格言』（三修社，2013年）

松村一男・森雅子・沖田瑞穂編『世界女神大事典』（原書房，2015年）

長谷川純編『日本印紙カタログ』［第7版］（鳴美，2019年）


**デジタル情報**

外務省外交史料館（https://www.mofa.go.jp/mofaj/annai/honsho/shiryo/index.html）

国立公文書館デジタルアーカイブ（https://www.digital.archives.go.jp/）

国立国会図書館「オンライン」（https://ndlonline.ndl.go.jp/）

国立国会図書館「史料にみる日本の近代　開国から戦後政治までの軌跡」（https://www.ndl.go.jp/modern/index.html）

国立国会図書館デジタルコレクション（http://dl.ndl.go.jp/）

裁判所（http://www.courts.go.jp/）

東京国立博物館（https://www.tnm.jp）

日本法令索引（https://hourei.ndl.go.jp/#/）

日本法令索引〔明治前期編〕（https://dajokan.ndl.go.jp/#/）

法務省「不動産登記のABC」（http://www.moj.go.jp/MINJI/minji02.html）

The British Museum（https://www.britishmuseum.org/）

CiNii（https://ci.nii.ac.jp/）

e-Gov（https://elaws.e-gov.go.jp/search/elawsSearch/elaws_search/lsg0100/）

LEX/DB（TKC:http://www.tkc.jp/law/lawlibrary）

Library of Congress（https://www.loc.gov/）

Westlaw Japan（https://www.westlawjapan.com/）

# 図版出典一覧

### 第1章

図 1.1  Wolfgang Schild, *Alte Gerichtsbarkeit Vom Gottesurteil bis zum Beginn der modernen Rechtsprechung*（München：Callwey, 1985, p.23）図26.

図 1.2  Wolfgang Schild, *Alte Gerichtsbarkeit Vom Gottesurteil bis zum Beginn der modernen Rechtsprechung*（München：Callwey, 1985, p.24）図28.

図 1.3  国立国会図書館デジタルコレクション（https://dl.ndl.go.jp/info:ndljp/pid/2576307（16コマ目））。

図 1.4  筆者撮影。

図 1.5〜1.7  筆者所蔵。

### 第2章

図 2.1  Otto Rudolf Kissel, *Die Justitia Reflexionen über ein Symbol und seine Darstellung in der bildenden Kunst*（München：Beck, 1984, p.8）図1.

図 2.2  フランス民法典。

図 2.3  The British Museum.

図 2.4  The British Museum.

図 2.5  筆者撮影。

図 2.6  最高裁判所提供。

図 2.7  ColBase（https://colbase.nich.go.jp）。

図 2.8  高橋幹夫『絵で知る江戸時代』（芙蓉書房出版，1998年，134頁）の図を一部改変。

図 2.9  長谷川純編『日本印紙カタログ』［第7版］（鳴美，2019年，40頁）の図142。

図 2.10〜図 2.16  筆者作成。

図 2.17  『判事検事裁判所書記及執達吏制服　御署名原本　明治二十三年　勅令第二百六十号』国立公文書館デジタルアーカイブ（https://www.digital.archives.go.jp/DAS/meta/listPhoto?BID＝F0000000000000014903&ID＝&LANG＝default&GID＝&NO＝&TYPE=JPEG&DL_TYPE=pdf&CN=1（5コマ目・6コマ目））。

**第3章**

図3.1 最高裁判所事務総局編『司法統計年報——1 民事・行政編』（法曹会，2019年，2～3頁）の「第1—1表 民事・行政事件の親受，既済，未済件数——全裁判所及び最高，全高等・地方・簡易裁判所」に基づき，筆者作成。

表3.1 筆者作成。

図3.2 民事訴訟制度研究会編『2016年民事訴訟利用者調査』（商事法務，2018年，87頁）の図13「躊躇を感じた理由」を一部改変。

図3.3 日本弁護士連合会編著『弁護士白書［2019年版］』（日本弁護士連合会，2019年，65頁）の「資料1—2—20 弁護士1人あたりの国民数の推移（各国比較）」を一部改変。

図3.4 日本弁護士連合会編著『弁護士白書［2019年版］』（日本弁護士連合会，2019年，62頁）の「資料1—2—13 裁判官数・検察官数・弁護士数の推移」に基づき，筆者作成。

図3.5 日本弁護士連合会編著『弁護士白書［2019年版］』（日本弁護士連合会，2019年，53頁）の「資料1—1—15 都道府県別弁護士1人あたりの人口——1人あたりの人口の多い順」に基づき，筆者作成。

**第4章**

図4.1 筆者所蔵。

図4.2 国立国会図書館「史料にみる日本の近代 開国から戦後政治までの軌跡」。

図4.3 西村健一郎・西井正弘・初宿正典執筆代表『判例法学』［第5版］（有斐閣，2012年，102頁）掲載の図を参考に作成，写真は全て筆者撮影。

図4.4 筆者作成。

図4.5 法務省「不動産登記のABC」（http://www.moj.go.jp/MINJI/minji02.html）。

表4.1～表4.3 筆者作成。

**第5章**

図5.1 エドワード・ペイソン・エヴァンズ著，遠藤徹訳『殺人罪で死刑になった豚 動物裁判にみる中世史』（青弓社，1995年，口絵）。

図5.2 筆者作成。

図5.3 E・キッパー著，西村克彦訳『フォイエルバッハ伝 近代刑法学の父』（良書普及会，1979年，口絵）。

図5.4 The Library of Congress.

表 5.1　筆者作成。

図 5.5　*10000 Meisterwerke der Malerei von der Antike bis zum Beginn der Moderne.*

図 5.6　*10000 Meisterwerke der Malerei von der Antike bis zum Beginn der Moderne.*


第 6 章

図 6.1～図 6.4　筆者作成。

図 6.5　筆者所蔵。

表 6.1　筆者作成。

図 6.6　筆者作成。

図 6.7　大久保泰甫『ボワソナアド　日本近代法の父』（岩波書店，1977年，1頁）。

図 6.8　的野半介編『江藤南白』（南白顕彰会，1914年，口絵）。

図 6.9　筆者作成。


第 7 章

図 7.1～図 7.2　筆者作成。

図 7.3　筆者所蔵。

図 7.4～図 7.6　筆者作成。


第 8 章

図 8.1　筆者作成。

図 8.2　筆者所蔵。

図 8.3～図 8.4　国立国会図書館デジタルコレクション。

図 8.5　筆者作成。

図 8.6　国立公文書館デジタルアーカイブ。

表 8.1　筆者作成。

図 8.7　筆者作成。

図 8.8　外務省外交史料館所蔵。

図 8.9　筆者作成。

図 8.10　筆者撮影。

図 8.11　水上熊吉編『前台湾高等法院長高野孟矩剛骨譚』（廣文堂書店，1902年）。


第 9 章

図 9.1　藤田新太郎編『徳川幕府刑事図譜』（出版社不明，1893年，33頁）。

図9.2　筆者作成。

図9.3〜図9.4　筆者撮影。

図9.5　筆者所蔵。

図9.6〜図9.7　筆者撮影。

図9.8　筆者所蔵。

表9.1　筆者作成。

図9.9〜図9.10　最高裁判所提供。

図9.11　筆者作成。

図9.12　『司法統計年報——1　民事・行政編』（法曹会，2019年，36頁）の「第19表　第一審通常訴訟既済事件数—事件の種類及び終局区分別—全地方裁判所」に基づき，筆者作成。

図9.13　筆者作成。

図9.14　佐久間長敬『刑罪詳説』（出版社不明，出版年不明，図11）。

図9.15　『法令全書　明治六年』（内閣官報局，1889年，60頁）。

図9.16　『行政裁判所五十年史』（行政裁判所，1941年）。

図9.17　『裁判員制度ナビゲーション』［改訂版］（最高裁判所，2018年）。

図9.18　筆者撮影。

図9.19　筆者所蔵。

表9.2　筆者作成。

図9.20〜図9.21　筆者作成。


## 第10章

図10.1　大槻文彦『箕作麟祥君伝』（丸善，1907年）。

図10.2　筆者所蔵。

図10.3　栗本鋤雲著，栗本瀬兵衛編『栗本鋤雲遺稿』（鎌倉書房，1943年，口絵）。

図10.4　筆者作成。

図10.5　国立公文書館デジタルアーカイブ。

図10.6　筆者作成。

表10.1〜表10.3　筆者作成。

# あとがき

　学生から「法学の概論は抽象的なものばかりである」との感想が漏れ聞こえ
てくることがある。特に，法学部に入学してきて間もない学生諸君は，法学部
では六法を片手に条文を解釈し，又は裁判所の判決を読んでその動向を探るこ
とを学ぶに違いないと想像していたと思われ，抽象的な法学の概論に向き合う
と，少々戸惑いを感じるのだろう。本来，法学概論の理解を深めてゆくには，
より具体的に専門の法領域について学び，或いは外国法との比較を通じて学ん
だ後に，改めて振り返ってみることが望ましいのかも知れない。

　しかし，条文の解釈・判例の動向・学説の理解といった方面ばかりに集中し
すぎてしまうと，ともすると法学＝暗記という誤ったイメージを抱くことにな
りかねない。無論，現行法の動向を知るためには，条文や判例と接することは
大事なのだが，法学というのは，そもそも人類が社会を形成してゆく長い歴史
の過程で，その土地における慣習や文化をも内包しながら生まれ育まれていっ
たものである。

　そこには，古今東西で共通して見受けられる法のカタチもあれば，その土地
に根付いた特徴的なカタチが浮かび上がるものもある。実は，法学の理論や学
説には，そうした各々の社会の中で機能し続けた法の営みを理解することに
よって明らかになるものが多々あり，まさに「急がば回れ」で以って，まずは
法学の概念の奥深さを探求することこそが，法と向き合うのにあたり大変重要
な姿勢である。本書を通じて読者の方々が少しでも多面的な法学の世界に興味
を持って下さることを願うばかりである。さらに，法学の概念で分からないこ
とがあれば，本書を手掛かりに理解を深めて頂ければ，大変幸いに思う次第で
ある。

　本書は，本務校の学生に対して講義を行う際に自身で作成した講義ノートを

基にしている。講義ノートを改めて振り返ると，講義中での受講生の反応や小レポート，授業評価アンケートの内容を活かしながら，毎年講義が始まる前に見直すためのメモを挟んできた足跡がある。やはり大学の講義は教員からの一方通行ばかりではなく，教員と受講者との双方でのコミュニケーションがあってこそ成立するものであると痛感させられる。その意味では，本務校において筆者が担当する科目を受講した学生たちのフィードバックなしには，本書の刊行はなし得なかったと考えている。真面目に授業に参加してきた学生諸君には，この場を借りて謝意を示したい。

　本書の刊行は，ミネルヴァ書房の水野安奈氏が2018年冬にわざわざ研究室を来訪され，熱心に説得して頂いたことに端を発する。講義ノートをいつかは本として出版してみたい，という漠然とした思いを抱いていたのだが，筆者にとっては概説書を執筆することは初めてのことであり，不慣れな面も多々あった。特に，普段何気なく使っている専門用語を分かりやすく説明することの難しさや，授業では黒板に書き進めながら解説している部分を文字化する際にどのように工夫すれば良いのだろうか，という問題に直面することもあったが，スムーズに事が運んだのは水野氏の励ましと原稿の細かいチェックによるものであった。また，新型コロナウイルスの感染拡大により，刻々と社会状況が変化する中で迅速且つ臨機応変に対応して頂いた。心から御礼を申し上げる次第である。


　2020年10月

西田真之

# 索　引

《著者紹介》

西田真之（にしだ・まさゆき）

1984年　広島県生まれ。
2006年　慶應義塾大学法学部法律学科卒業。
2008年　東京大学大学院法学政治学研究科総合法政専攻修士課程修了。
2013年　同大学大学院法学政治学研究科総合法政専攻博士課程単位取得退学。
2014年　東京大学・博士（法学）取得。
現　在　明治学院大学法学部准教授。
著　作　『一夫一婦容妾制の形成をめぐる法的諸相——日本・中国・タイの比較法史
　　　　からの展望』（日本評論社，2018年），『再帰する法文化』（共著，国際書院，
　　　　2016年），『フレッシャーズ法学演習』（共著，中央経済社，2016年）ほか。

「法のカタチ」から考える　法学の基礎

2020年12月1日　初版第1刷発行　　　　　　　　　〈検印省略〉
2023年11月30日　初版第3刷発行

定価はカバーに
表示しています

著　者　　西　田　真　之
発行者　　杉　田　啓　三
印刷者　　坂　本　喜　杏

発行所　株式会社　ミネルヴァ書房
607-8494　京都市山科区日ノ岡堤谷町1
電話代表　(075)581-5191
振替口座　01020-0-8076

© 西田真之, 2020　　　　冨山房インターナショナル・坂井製本

ISBN 978-4-623-08990-1
Printed in Japan

| 概説　西洋法制史 | 近世・近代ヨーロッパの法学者たち | よくわかる法哲学・法思想［第2版］ | 法学部生のための選択科目ガイドブック |
|---|---|---|---|
| 森　勝田　山内　進　編著 | 勝田有恒　山内　進　編著 | 深田三徳　濱真一郎　編著 | 君塚正臣　編著 |
| 本体三二八〇円<br>A5判三八〇頁 | 本体三五四〇円<br>A5判三四〇二頁 | 本体二六〇〇円<br>B5判二二四頁 | 本体二八〇〇円<br>A5判二六六頁 |

ミネルヴァ書房
http://www.minervashobo.co.jp/